익숙함을
지나
두려움을
넘어

익숙함을 지나 지나

두려움을 넘어

마틴 메도스 지음 | 키와 블란츠 옮김

나를 바꾸는 다짐의 한 줄

책/이/있/는/풍/경

행동이 두려움을 치유한다.

—데이비드 슈와츠 David Schwartz —

　이 책은 독자들이 일상생활 속에서 꾸준히 스스로를 단련시킬 수 있도록 매일 곁에서 힘을 주기 위해 쓰여졌다.

　자기훈련에 관한 베스트셀러를 여러 권 쓴 저자로서, 그리고 성장을 위한 노력을 게을리하지 않는 사람으로서, 스스로를 컨트롤한다는 것은 늘 마음속에 담고 있는 주제이기도 하다. 자신의 잠재력을 완전히 실현하고자 한다면 불편함을 피해서는 안 된다고 나는 믿는다. 장기적인 목적을 달성하는 데 결정적으로 중요한 것은 썩 내키지 않는 일이라도 실행하는 것이다.

　이 책에서 나는 자기훈련, 강인한 정신력, 성공, 혹은 전반적인 자기계발에 관한 각계각층 리더들의 어록을 독자들과 함께 공유하고자 한다. 이 어록들은 세계적으로 성공한 기업가나 운동선수, 베스트셀러 작가, 연구가, 예술가, 블로거, 그리고 동서고금을 통해 현자로 추앙받는 이들이 서적과 기사, 블로그, 연설, 인터뷰 등을 통해 한 말들 가운데 발췌한 것이다.

차 례

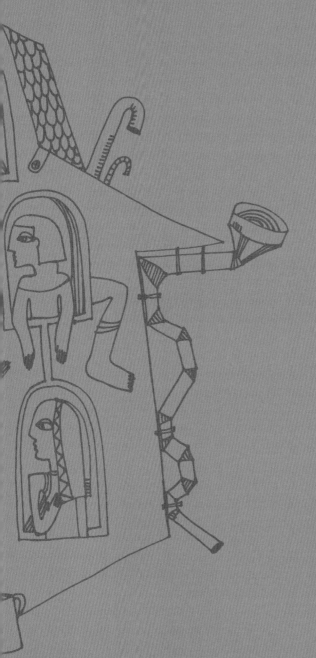

용기 있는 사람은
두려움에도 불구하고 행동한다

⋯⋯

1

자신을 넘어서기

"한 인간의 삶은 실패했을 때 가장 흥미로워진다. 실패는 그 사람이 자신의 한계를 뛰어넘으려 시도했다는 표시이기 때문이다."

조르주 클레망소 Georges Clemenceau. 프랑스의 정치가, 의사, 언론인

실패란 '내가 나의 한계를 넘어보려고 시도한 표시'라고 생각한다면 실패에서 오히려 힘을 얻을 수 있다. 자기 능력으로 충분히 할 수 있는 것만 하면 실패할 일이 없지만, 자신의 성장을 위해 내 능력이 허용하는 범위 밖에 있는 어려운 도전에 덤벼든다면 종종 실패할 수밖에 없다. 그러므로 실패를 경험하지 않았다면 그것은 자신의 능력을 최대한으로 시험해보지 않았다는 증거다.

오랫동안 실패를 경험하지 않고 인생을 순항 중이라면 보다 큰 포부를 가져볼 때다. 실패할 것을 예상하지 않는다는 것은 목표를 너무 낮게 잡았다는 뚜렷한 신호이기 때문에, 이제는 보다 어려운 환경에 도전해보거나 좀 더 힘든 목표를 세워볼 때인 것이다.

성공은 당연히 긍정적인 것이지만, 끊임없이 성공만 하게 되면

자신을 천하무적이라 생각하는 자만심에 빠질 수 있음을 명심해야 한다. 실패할 확률이 높은 목표를 설정하는 것은 겸손한 자세를 길러주며, 궁극적으로는 자신의 삶을 성공적으로 이끄는 데 도움이 된다.

노력의 가치

"노력했다는 것, 시도해보았다는 것, 어떤 이상을 진심으로 실천해보려 했다는 것, 이것만으로도 충분히 악착같이 바둥거린 보람이 있다."

윌리엄 오슬러 William Osler, 캐나다의 신경외과 의사

누구나 꿈을 꾼다. 승리의 월계관을 쓰는 순간, 목돈이 내 손에 들어오는 순간, 체중계 위에 올라섰을 때 내가 바라던 몸무게의 숫자가 나타나는 순간, 보다 크고 넓은 새 집으로 이사하는 순간, 나의 이상형과 결혼하는 순간.

이런 꿈을 꿀 때 우리가 주목하는 것은 성공 그 자체이지, 성공을 이루기 위한 악착같은 노력이 아니다. 충분히 이해가 가는 일이다. 성공은 영광스럽고 기억할 만하며 나에게 이득이 되는 것이지만, 성공하기 위한 노력은 귀찮고 거북스러울 뿐만 아니라, 아등바등 몸부림치며 노력하는 모습은 남들 앞에 자랑스레 내보이고 싶은 내 모습이 아니기 때문이다.

하지만 나를 한 인간으로 만들어가는 것은 결심한 것을 실천하는 악착같은 바둥거림과 집념이다.

성공이란 최선을 다한 뒤에 주어지는 보상이다. 그러나 과연 성공을 이룰 것인지, 언제 그 성공을 이룬 기쁨을 누리게 될 것인지는 내 마음먹은 대로 되는 일이 아니다. 성공하지 못해서 실망스럽다면, 성공을 위해 노력하는 과정 그 자체가 나의 보상이라고 마음을 달리 먹어보도록 하라. 처절하고 악착같이 노력하는 과정 그 자체를 보상으로 여길 것인지 아니면 무시할 것인지는 언제나 내 마음먹기에 달려 있다.

어려운 길

"기꺼이, 심지어 열성적으로 '형편없는 사람이 될' 각오를 할 수 있으면 '탁월한 사람'이 되는 데 도움이 된다."

대니얼 코일 Daniel Coyle, 미국의 칼럼니스트, 《탤런트 코드》의 저자

 전문가란 자기 분야에서 가장 흔한 실수들을 모두 다 해본 뒤에 거기서 뭔가를 배운 사람들이다. 그들은 실수를 포용했기 때문에 전문가가 될 수 있었다. 어려운 경로를 선택해서 쉬운 길을 택했을 때보다 더 많은 실수를 할수록 자신의 약점을 더 잘 파악하게 되고, 아울러 배울 수 있는 기회도 더 많이 얻을 수 있다.

자신의 능력으로 쉽게 도달할 수 있는 길을 선택하고 싶은 유혹은 쉽게 뿌리치기 어렵다. 그러나 어려운 경로, 그래서 실패를 경험할 수 있게 해주는 길은 장기적으로 자신에게 더 큰 도움이 된다. 자신을 '형편없는 사람'으로 보이게 할 염려가 없는 쉬운 도전만 고집한다면 어느 선에서 진척이 없거나 막혀버릴 수 있다.

기준을 낮추고 싶은 유혹을 버리고 어려운 도전을 받아들여라.

성공할 수 있을지 없을지 자신이 없는 일, 그래서 더 분발해야 할 어려운 도전을 택하라. 지금은 형편없을지라도 언젠가 미래에는 반드시 탁월한 경지에 도달하게 될 것이다.

두려움

"행동이 두려움을 치유한다."

데이비드 슈와츠 David Schwartz, 리플(Ripple)의 수석 암호 작성자, XRP 합의 네트워크의 최초 설계자

사람들이 뜻한 바가 있어도 이를 이루기 위해 실천하지 못하는 것은 두려움 때문이다. 도전에 부딪히면 정면 대결하기보다는 편안한 쪽을 선택한다. 즉 실천하는 데 필요한 용기가 생길 때까지 기다리기로 하는 것이다. 하지만 용기라는 것은 마냥 기다린다고 어디서 불쑥 마법처럼 나타나는 것이 아니다.

용감한 사람들도 두려움에 면역성이 있는 것은 아니다. 그들도 두려움을 느끼지만 '두려움에도 불구하고' 그들은 행동을 한다.

대부분의 일상생활에서 느끼는 두려움은 사실 실체가 없는 것이다. 낯설지만 마음이 끌리는 이성에게 다가가 말을 거는 것, 빠듯한 예산으로 투잡을 시작하는 것, 새 직장에 취업 지원을 하는 것, 다이어트를 시작하는 것, 혹은 변화를 위해 이와 유사한 어떤 행동을 하는 것 등은 따지고 보면 크게 손해 볼 일도 아니고 두려워해야 할 이유도 없다.

따라서 지극히 위험한 행동이 아닌 한, 두려운 마음을 앞세워서는 안 된다. 물론 즐겁기는커녕 심적인 압박감 때문에 거기서 도망가 버리고 싶은 마음뿐일 수도 있다. 하지만 정신적으로 강인한 사람이 되고자 한다면 줄기차게 두려움과 정면 대결하는 것보다 더 좋은 자기훈련은 없다.

시험과 결과

"때로는 매사가 너무나 심각하게 느껴진다. 그래서 만에 하나 실수라도 하는 날에는 큰일이라도 날 것 같아 보인다. 하지만 사실 우리가 하는 일은 모두가 하나의 시험이다. '어떤 결과가 나올지' 알아보기 위한 시험이다."

데릭 시버스 Derek Sivers, 미국의 인터넷쇼핑몰 CEO

　　　　모든 일을 "죽이 되는지 밥이 되는지 한번 시험해보자" 하는 정신으로 시작해보라. 성공 가능성이 불확실한 일을 시작할 때는 결과를 도출하기 위한 하나의 실험으로 생각하는 것이 꽤 도움이 된다. 반드시 이익을 내기 위해서가 아니라 데이터를 얻기 위한 과정이라고 생각하는 것이다.

아침 일찍 일어나는 습관을 들이는 데 실패할 것 같아 시작조차 하기가 망설여진다면 30일 시험 기간을 거친다고 생각하고 이 기간 동안 아침 일찍 일어나면 기분이 어떠한지, 얼마나 생산성이 높아지는지 그 결과를 알아보도록 하라. 이런 식으로 일을 시작하면 그 '시험'이 어떻게 진행되든 일단은 성공이다.

대개 시험이 성공적으로 끝나면 영구적인 습관의 변화로 이어지게 되고, 따라서 정신 자세가 바뀌게 된다. 처음에 기대치를 낮게 잡으면 최초의 망설임을 쉽게 극복할 수 있고, 실패에 대한 두려움도 보다 수월하게 이겨낼 수 있다.

세상을 바꾸는 사람

"한 가지 사실만 깨달으면 인생의 폭이 훨씬 넓어질 수 있다. 그 한 가지 사실이란, 내 삶을 이루고 있는 주변의 모든 환경 조건들은 나보다 더 똑똑할 것 없는 사람들에 의해 이루어진 것이며, 이것은 내가 바꿀 수도 있고 내가 영향을 끼칠 수도 있으며, 다른 사람들에게 쓰임이 되는 나만의 것을 만들어낼 수도 있다는 사실이다."

스티브 잡스 Steve Jobs, 애플의 전 CEO

초능력을 가진 사람에 대한 영화는 수도 없이 많지만, 그중에서 실제 인물을 바탕으로 만들어진 것은 하나도 없다. 과거에도, 현재도, 미래에도, 세상에서 가장 머리가 좋은 수재라 할지라도, 그 어느 누구도 초능력을 가진 인간이 될 수는 없으며 평범한 보통 사람보다 무한정으로 더 훌륭할 수는 없다.

세상을 바꾸고 있는 이들이 이루어낸 놀라운 업적을 보면 우리는 이 사실을 망각하기 쉽다. 그들은 너무나 생산적이거나, 똑똑하거나, 아름답거나, 창의성이 높거나, 투지가 강하거나, 힘이 세어 보이는 등 나에 비해 너무나 완벽해 보이기 때문이다.

하지만 그 안을 들여다보면, 모든 사람은 자신의 삶을 사는 과정에서 어려움을 겪고 있다. 이것이 인간의 조건이다. 큰 성공을 거둔 사람도 근본적으로 우리와 크게 다르지 않다. 그들 중 많은 이들은 과거에 지금의 나보다 더 의지력이 약했을 수도 있고, 또 어떤 한 부분에서는 뛰어나지만 다른 부분에서는 그렇지 않은 사람들도 있을 것이다.

의지력이 강한 사람이 되는 것은 누구에게나 가능성으로 열려 있다. 강한 의지력은 운 좋게 타고나는 것도 아니고, 어떤 클럽에 가입해서 키울 수 있는 것도 아니다. 나 자신은 물론 그 누구도 결코 삶의 모든 면을 영구적으로 완벽하게 지배할 수 없다. 그 사실을 인정하고 나 자신을 받아들여야 한다.

최우선적인 목표

 마음속에 뜨거운 불길처럼 활활 타오르는 '예스'가 없으면 목표를 위해 장기간 불편한 선택을 계속할 수 없다.

마음속에 뭔가를 꼭 이루고야 말겠다는 열정이 불타고 있는 한은, 그 꿈을 이룰 때까지 그 어떤 전투에 뛰어든다 해도 끝까지 항복하기를 거부할 수 있다. 또한 자신에게 가장 우선적으로 중요한 목표에 집중하는 데 방해가 되는 모든 것들을 무시하기가 쉬워진다.

물론 밸런스를 유지해야 할 필요도 있지만, 마음속에 이글거리며 타오르는 커다란 '예스'가 있으면 그것을 얻는 데 방해가 되는 다른 모든 것에 대해 유감스러워하지 않으며 결단력 있게 '노'라고 말할 수 있다.

꾸준함

"지식은 꾸준히 향상되고, 도전받고, 쌓여가야 한다. 그렇지 않으면 사라진다."

피터 드러커 Peter Drucker, 미국의 경영학자

지식과 마찬가지로 자기관리도 '일회성'이 아니다. 원하던 것을 일단 성취한 뒤에도 끊임없이 새로운 목표를 설정해 도전하고 보다 큰 미래의 보상을 위해 지금 당장의 유혹을 뿌리치면서 계속 강화시키지 않으면 언제라도 잃어버릴 수 있다.

'이 정도면 충분하다'는 생각은 금물이다. 자기계발이 필요한 부분은 언제라도 새로이 찾아낼 수 있다. 예를 들어 운동하는 습관을 들이고 난 후에는 대인관계에서 부족한 내 인내심을 기르는 목표를 설정할 수 있다.

이처럼 끊임없이 목표를 정하고 실천하는 자세를 가져야 자기관리를 유지할 수 있을 뿐만 아니라 자기계발에도 박차를 가할 수 있다.

인생은 장거리 경주

"단어가 모여 문장이 만들어지고 문장이 모여 문단이 만들어진다. 때로는 문단이 점점 빨라지다가 숨을 쉬기 시작한다."

스티븐 킹 Stephen King, 영화 〈쇼생크 탈출〉의 원작소설을 쓴 미국의 작가

소설을 한 번도 써본 경험이 없는 상태에서 처음으로 소설을 쓰기로 마음먹었다고 해보자. 아마 한 문단도 제대로 쓰지 못해 쩔쩔매게 될 것이다. 하물며 독자들이 마지막 페이지까지 손을 놓지 못하게 만들 200~300장 분량의 흥미진진한 소설을 쓴다는 것은 거의 불가능에 가까워 보일 것이다.

어렵게 소설을 완성한다고 해도 사람들로부터 호평을 받는 베스트셀러와 비교하면 불쏘시개로나 쓰일 만한 수준으로 느껴질 때, 그 기분은 말할 수 없이 비참할 것이다.

하지만 생각해보라. 그 베스트셀러 소설을 쓴 작가는 아마 몇십 년 동안 글 쓰는 실력을 갈고닦아 왔을 것이다. 그 누구든 단어에서 시작해 문장을, 문단을, 그리고 마지막에는 한 편의 소설을 완성해낸다.

그들도 다른 누구와 마찬가지로 처음부터 성공적이지는 못했을 것이다. 수십만 개의 단어와 씨름을 하며 연마한 끝에 빼어난 작품을 써낼 수 있게 된 것이다.

자기단련은 소설 쓰기와 비슷하다.

매일 아침 새벽 4시에 기상하는 사람, 매일 하루도 빠짐없이 운동을 하는 사람, 건강한 식단을 지키는 사람, 월등하게 생산적인 사람, 그럼에도 일과 사회생활과 가정생활을 마치 초인처럼 균형 있게 해내는 사람을 보면 우리는 자기단련이 잘된 사람이라며 감탄한다. 하지만 알고 보면 이들은 베스트셀러 작가와 마찬가지로 단 하나의 작은 변화에서 시작해 하나씩 둘씩 긍정적인 변화를 쌓아온 것이다.

용기를 낼 수 없거나 목표가 멀게만 느껴져 지쳐버릴 때에는 누구나가 다 같은 과정을 거쳐왔다는 것을 기억해야 한다. 작은 변화부터 시작해서 습관을 만들고, 이 습관을 라이프스타일의 변화와 자아의 변화로, 그리고 마지막에는 성공으로 이끌어야 한다.

재능보다 노력

"재능은 없어도 자기훈련이 잘된 사람은 놀라운 결과를 얻어낼 수 있지만, 자기훈련이 되지 않고 재능만 있는 사람은 실패를 자초할 수밖에 없다."

시드니 J. 해리스 Sydney J. Harris, 미국의 언론인

 크게 성공한 사람, 생산력이 아주 높은 사람, 공부를 잘하는 사람을 보면 우리는 그들이 재주나 운을 타고났기 때문이라고 쉽게 생각한다. 하지만 타고난 재주가 곧 성공으로 이어지는 것은 아니다.

타고난 재능이나 운이 남들보다 못하다고 생각하는가? 자신의 힘으로 이를 극복하고 남들보다 앞서가기 위해 더 큰 노력을 기울인다면 오히려 그것이 나의 강점이 될 수도 있다.

자신의 한계를 하나하나 극복하기 위해 노력하는 과정에서 자신감이 길러지고 삶에 대한 다른 두려움들도 물리칠 수 있게 된다. 그러다 마침내는 타고난 재주나 운이 아닌 철저한 자기관리와 끊임없는 노력으로 놀라운 성과를 거두게 되는 것이다.

재주나 운을 타고나지 못했다고 불평하기 전에 이 사실을 반드시 기억하라. 살면서 겪게 되는 대부분의 상황에서 노력과 자기훈련은 나의 부족한 부분을 얼마든지 채워줄 수 있다.

중요한 것은 잘 싸우는 것

"올림픽 경기에서 가장 중요한 것은 이기는 것이 아니라 참여하는 것이다. 인생에서 가장 중요한 것은 승리가 아니라 노력이다. 결국 핵심은 정복했느냐가 아니라 얼마나 잘 싸웠느냐 하는 것이다."

피에르 드 쿠베르탱 Pierre de Coubertin, 근대 올림픽의 창시자

자기관리는 점수를 매겨주는 사람이 있는 것이 아니다. 결승선도 없고 승리자를 위한 시상대도 없다. 자기관리의 유일한 목적은 자기 자신을 정복하는 것이다. 즉 나의 충동성, 약점, 그 외에 내 인생을 갉아먹는 모든 행동을 극복하는 것이다.

이 사실을 망각한 채 목표를 달성하면 그것으로 끝이라고 생각하기 쉽다. 그러나 꿈이 이루어지는 순간이 가장 중요한 순간인 것은 아니다. 물론 꿈을 이루는 것도 소중하지만, 꿈을 이루기까지의 과정 없이 그 결과만으로는 아무런 의미가 없다.

가장 중요한 시간은 열심히 노력하는 순간, 똑바로 설 힘조차 없더라도, 세상이 빙빙 어지럽게 돌고 있을 때라도 싸우려 애를 쓰는 순간이다. 바로 이 행동이 나의 패기를 증명해주는 것이며, 승리라는 행위 그 자체가 아니라 보다 윤택한 삶에 보탬이 되는 것들로 채워주는 것이기 때문이다.

자기훈련의 다른 이름은 자유

"자기훈련은 일종의 자유다. 그 자유는 게으름과 나태함으로부터의 자유, 다른 사람들의 요구와 기대로부터의 자유, 의심, 두려움, 그리고 나약함으로부터의 자유다. 자기훈련은 투수로 하여금 자신의 개성, 내적 강인함, 재능 등을 느낄 수 있게 해준다. 자기 생각과 감정의 노예가 되어 끌려다니는 대신 그 주인이 되는 것이다."

H. A. 도프만 H. A. Dorfman, 메이저리그에 심리치료를 도입한 야구 심리학의 대부

자기훈련에 대한 인식을 바꾸면 보다 충실한 자기훈련이 가능해진다. 자기훈련이란 곧 금욕이며 고통을 감내해야 하는 것이라고 생각하면 자신의 발전에서 기쁨을 얻기도 어렵고 얼마 못 가서 포기하기 쉽다. 하지만 자기훈련이 나를 자유롭게 하는 것이라고 생각하면 나 자신의 인내심과 끈기를 시험하고 실천할 수 있는 기회를 잡을 수 있다.

유혹의 노예가 되지 않으려고 애를 쓸 때는, 자신을 유혹하는 그것을 외면한다고 해서 뭔가 중요한 것을 잃는 것이 아님을 기억해야 한다. 내 생각과 감정의 주인이 될 수 있는 자유는 유혹에 빠져 얻는 일시적인 만족보다 훨씬 더 값어치 있는 것이다.

좌절 금지

"챔피언의 특징은 정신적으로나 경기력으로나 모든 것이 딱 마음에 들지 않는 상황에서 이길 수 있는 능력이다."

캐롤 드웩 Carol Dweck, 스탠퍼드대학 사회심리학과 발달심리학 교수

챔피언이 갖고 있는 차별화된 특징이라면, 그 어떤 상황에서도 물러서거나 좌절하지 않고 해야 할 일을 계속 한다는 것이다.

노력하는 과정에서 어려울 때도 있고 쉬울 때도 있지만, 그 과정에서 마주치는 상황은 자신의 힘으로 통제할 수 있는 것이 아니다. 그러므로 승리자가 되기 위해 우리가 할 수 있는 일은 어떤 일이 벌어지더라도 가던 길을 계속 가는 것이다.

쉽고 편한 쪽을 택하기보다는 고단하고 힘들게 밀어붙이며 하루를 보낼수록 해야 할 일을 마친 후에 더 큰 보람과 행복을 느낄 수 있다.

자신의 기준 만족시키기

"무언가를 열심히 잘하는 것만으로도 충분하다면, 그것이 훨씬 더 좋다. 말하자면 결과에 덜 치중할수록 더더욱 좋다는 말이다. 예를 들어 자신이 세운 기준에 도달하는 것만으로 보람과 자긍심을 느낀다거나, 좋든 나쁘든 결과가 아니라 노력 그 자체로도 충분한 경우가 바로 그러하다."

라이언 홀리데이 Ryan Holiday, 미디어 전략가이자 베스트셀러 작가

노력한 것의 결과에만 연연하면 무엇에 도전하든 목표하는 바를 성취하기가 더욱 힘들어진다. 결과가 늦게 나타나면 자신의 노력이 결실을 맺기도 전에 포기해버리기 쉽기 때문이다.

새로운 목표를 세울 때는 최종 결과만 생각하지 말고 자신이 도달하고자 하는 어떤 기준도 함께 설정해야 한다. 결과를 기다리는 동안 최선을 다하려는 노력을 통해 의욕을 불러일으킬 수 있도록 해야 한다.

최선을 다해 노력한 사실에 만족할 수 있다면, 설사 바라던 결과를 얻지 못하더라도 평생 도움이 될 건전한 가치관을 형성하는 성과를 얻을 수 있다.

두려움과 정면 대결

"진정으로 두려움을 똑바로 쳐다보고 맞대면하는 경험을 할 때마다 강인함, 용기, 그리고 자신감을 얻는다. '나는 이 공포를 이겨냈다. 다음에 무슨 일이 닥쳐도 극복할 수 있다.'라고 말할 수 있어야 한다. 자신이 해낼 수 없다고 생각되는 것을 해내야만 한다."

엘리너 루스벨트 Eleanor Roosevelt, 미국 32대 대통령 프랭클린 루스벨트의 부인

자기훈련의 상당 부분을 차지하는 것은 두려움의 극복이다.

유혹을 받으면 그에 넘어갈 것을 두려워하는 대신 정면으로 부닥쳐서 이겨내는 습관을 들이도록 하라. 한번 이렇게 유혹과 정면 대결해서 이기고 나면 그다음에는 '나는 이 유혹을 물리친 적이 있고, 이번에도 잘 물리칠 수 있다'는 자신감이 생겨 보다 쉽게 유혹을 극복할 수 있다.

이런 과정을 몇 번 되풀이하다 보면 유혹 앞에서 더 강인해지고, 심지어는 아주 쉽게 외면해버릴 수도 있게 된다.

하지만 충분히 경험을 쌓는다고 해서 자기훈련이 완성된 것으

로 착각해서는 안 된다. 자기훈련은 절대 하루아침에 완성되지 않는다. 자신의 결의를 시험하는 상황이 발생할 때마다 이를 새로운 경험으로 받아들여 앞으로 있을지 모를 또 다른 유혹을 물리칠 수 있는 자신감을 차곡차곡 쌓아야 한다.

옵션

"항상 옵션을 두도록 하라. 옵션은 힘의 원천이다."

데이브 케키치 Dave Kekich, 맥시멈 라이프 재단 CEO

자신의 성장을 스스로 가로막는 장애물이 있다면 그것은 바로 흑백논리식 사고방식이다. A 아니면 B, 하는 것 아니면 안 하는 것. 이처럼 두 가지 옵션만을 자신에게 허락하다 보면 선택할 수 있는 힘을 잃고 어떠한 결정을 내리기가 어려워진다. 그러다 보면 삶을 변화시키는 일은 더 요원해진다.

우리의 삶에서 단 두 가지 옵션만 주어지는 경우는 극히 드물다. 직장이 있지만 창업을 하고 싶은 경우를 생각해보자. 흑백논리식 사고방식이라면 단 두 가지 옵션만이 있을 것이다. 계속 직장을 다니거나, 아니면 사직하고 창업을 하는 것이다. 이렇게 두 옵션만 가지고 어느 쪽을 선택할 것인가 고민하면 쉽게 결정을 내릴 수 없다.

직장에 계속 다니면서 투잡 형식으로 창업을 하면 어떨까? 재택근무를 할 수 있는지 상사에게 문의를 해보면 어떨까? 출퇴근

하는 대신 프리랜서로 취업 형태를 바꾸는 것은 어떨까? 자신의 경력을 필요로 하는 사람과 동업을 하는 방식을 택할 수는 없을까?

선택이 단 두 가지밖에 없다는 생각이 들 때마다 사고방식을 바꾸어보라. 흑백논리식 사고방식은 정신적 나태함이다. 올바른 선택을 하기 위해서는 나 자신에게 최소한 한 가지의 대안을 더 허락하도록 하라.

이상과 현실

"때로 우리는 자신의 이상에 맞게 행동하지 않는다. 이는 우리가 못난 인간이기 때문도 아니고, 자신의 이익을 타인에 대한 자비심보다 앞세우기 때문도 아니다. 단지 우리가 이상에 맞게 살고 있지 않음을 깨닫지 못하고 있는 탓이다."

러스 로버츠 Russ Roberts. 스탠퍼드대학 후버연구소 경제학자

자아 인식은 자기를 변화시키는 과정에서 중요한 부분을 차지한다. 나의 행동에 충분히 관심을 기울이지 않으면 내가 꿈꾸는 이상에 맞는 삶을 살아갈 수 없다.

일주일에 한 번쯤은 반드시 자신을 되돌아보는 시간을 가지도록 하라. 지난 일주일 동안 내가 한 행동들이 나의 이상, 가치관, 그리고 목표와 일치하고 있는지 점검해보라. 보다 침착하고 이해심 있는 사람이 되는 것이 나의 목표라면, 내가 지난 한 주 동안 그에 맞게 행동을 했는지, 그리고 만약 그러지 못했다면 왜, 그리고 어떻게 잘못을 했는지 반성해보라.

자신의 오류를 인식하게 되면 앞으로 같은 오류를 범하지 않고

보다 더 개선해나갈 수 있는 용기를 얻게 된다.

하지만 실수한 것만 생각하기보다 내가 언제 어떻게 이상에 맞게 행동하고 뿌듯한 기분을 느꼈는지도 함께 떠올려 보는 것이 동기유발을 위해 좋다.

목표를 멀리 잡아라

"성공하기 위해서는 반드시 목표를 멀리 잡아야 한다. 살면서 겪는 어려움의 대부분은 목표를 짧게 잡는 데서 비롯된다."

토니 로빈스 Tony Robbins, 동기부여 전문가, 강연가이자 작가

사업을 할 때 어떤 이들은 몇 달 안에 승부를 볼 수 있다는 생각으로 뛰어들었다가 목표 달성에 실패하면 그 사업을 접고 또 다른 사업을 시작한다. 머릿속에 두세 가지 아이디어를 동시에 굴리면서 그중 하나는 분명 성공할 거라고 여기며 사업을 시작하기도 한다.

체중감량을 하고자 할 때 어떤 이들은 최대한 빨리 멋진 몸매를 만들겠다는 생각으로 꾸준히 실천하기 불가능한 수준까지 칼로리 섭취를 줄이려 한다. 어학공부를 할 때 최대한 빠른 시간 안에 최대한 많은 단어를 외우겠다는 생각으로 달려들어 얼마 안 가 단어만 봐도 질려버리는 경우도 많이 있다.

이런 흔한 실패담은 대부분 목표를 짧게 잡고 서두르는 것이 그 실패 요인이다.

성공적인 자기관리를 위해서는 목표를 잘 분석한 뒤 장기적인 접근방법을 선택해야 한다. 꾸준히 오랫동안 실천할 수 있는 접근법은 성공 가능성이 높을 뿐만 아니라, 길게 볼 때 많은 돈과 시간과 노력을 절약하는 길이기도 하다.

통제 시스템

"철저한 자기관리가 중요하긴 하지만, 하지 말아야 할 행동은 절대 하지 못하게 하는 장치를 마련하는 것이 자신의 통제력보다 더 믿을 만하다."

팀 페리스 Tim Ferriss, 《나는 4시간만 일한다》의 저자

 맛있는 케이크를 앞에 두고 그걸 먹지 않고서 몇 시간이라도 바라보기만 할 수 있으면 사람들은 자제력이 뛰어나다고 말한다. 유혹을 뿌리친다는 건 침략을 받았을 때 침략자로부터 자신의 왕국을 지키는 것과 같은 일이라고 믿기 때문이다.

하지만 유혹에 빠지지 않으려면 아예 유혹을 피하는 것이 최상의 방법이며, 유혹을 피하는 가장 좋은 방법은 의외로 간단할 수 있다.

예컨대 먹지 않기로 작정한 음식이 집 안에 있다면 다이어트에 실패할 확률은 더 높아진다. 먹지 말아야 할 음식은 아예 집에 두지 않는 것이 다이어트 성공 가능성을 높여줄 수 있다. 약간의 의지력만이 필요한 이 단순한 자기방어 방식은 배가 고파서 그 음식을 먹

고 싶은 충동이 나를 덮쳐올 때 나 자신을 더 잘 보호해줄 수 있다.

알람을 세 개 정도 준비해서 손에 닿지 않는 곳에 각각 놓아두면 잠자리에서 뭉기적대다가 늦잠을 자게 될 확률은 현저하게 떨어진다.

직장에서 허비하는 시간을 줄이고 싶은가? 그렇다면 SNS에 올라온 사진을 클릭하고 싶은 유혹을 굳은 의지로 뿌리치려 하기보다는 아예 그 SNS를 차단해버리는 것이 더 도움이 된다.

이처럼 장애물을 설치하여 어려운 상황에 미리 대비하도록 하라. 자신의 자아통제 장치를 마련해두면 의지력을 발휘해야 하는 부담을 상당히 덜어준다. 그러면 예상치 못한 상황이 발생했을 때 더 쉽게 자제력을 가질 수 있다.

실패에서 얻는 것

"인생에서 가장 중요한 것은 자신이 얻은 것을 자본화하지 않는 것이다. 그건 바보도 할 수 있는 일이다. 정말 중요한 것은 자신이 잃은 것에서 이익을 얻어내는 것이다. 여기에는 총명함이 요구된다. 똑똑한 사람과 바보의 차이가 여기서 결정된다."

윌리엄 보리소 William Bolitho, 남아프리카의 저널리스트

우리가 이상적인 세상에 살고 있다면 사람들은 실패보다 성공을 더 많이 경험할 것이다. 하지만 우리가 살고 있는 이 현실 세상은 실패가 성공보다 더 흔하다. 따라서 성공이 아니라 실패에서 이익을 얻는 방법을 배우는 것이 무엇보다 중요하다.

그 방법은 의외로 단순하다. 실패할 때마다 그것을 없던 일처럼 떨쳐버리고 무작정 다시 시도하기보다, 무엇이 효과가 있었고 무엇이 효과가 없었는지, 그리고 궁극적으로 실패한 원인이 무엇이었는지를 분석해보는 것이다. 이렇게 하지 않으면 소중한 학습의 기회를 놓치고 만다.

실패의 가치를 무시해서는 안 된다. 모든 실패의 뒷면에는 보석이 숨어 있다. 그것을 캐내어 자신의 목표에 좀 더 가까이 다가갈 수 있도록 해야 한다.

스스로를 봐주는 습관

"절대 목표를 줄이지 말고 대신 행동을 늘려라. 자신의 목표에 대해 다시 생각하고, 변명거리를 만들고, 스스로를 봐주기 시작한다면 당신은 꿈을 포기하는 것이다."

그랜트 카돈 Grant Cardone, 기업가, 《10배의 법칙》 저자

하는 일에 진전이 없을 때는 한 번만 스스로를 눈감아 주고 목표치를 줄이고 싶은 유혹을 느끼게 된다. 하루에 500단어를 외우는 대신 300단어로 줄인다거나, 그보다 더 적은 250단어만 외우고 싶은 생각도 들 것이다.

때로는 자신이 할 수 있는 한도로 목표치를 낮추는 것이 좋은 생각일 때도 있다. 원래의 목표가 비현실적으로 높았기 때문에 다른 방법이 없을 경우에는 그러하다. 하지만 충분히 해낼 수 있는 수준인데도 변명거리를 만들어서 피할 생각만 하는 것이라면, 자신의 의지력을 동원하여 그 유혹을 뿌리치고 더 많이 행동에 나서야 한다.

쉬운 방법만 찾다 보면 그것이 습관이 되기 쉽다. 어렵다고 느

끽 때마다 목표치를 줄이는 버릇이 들면 자신의 진정한 한계가 무엇인지 결코 알아낼 수 없다.

확신이 서지 않을 때는 이 기본적인 원칙을 기억하라. 목표치를 절반으로 낮추어 성공하는 것보다 원래의 목표치에 조금 덜 도달하는 편이 더 낫다.

정리정돈

"사람들은 깔끔한 책상을 본 후보다 지저분한 책상을 본 후에 자제력을 보다 덜 발휘하게 된다."

로이 바우마이스터 Roy Baumeister, 플로리다주립대학 심리학 교수

지저분한 책상이나 불쾌한 생각들은 머릿속의 빈 공간을 다 차지해버리기 때문에 다른 것에 신경 쓸 수 있는 정신적 여유를 주지 못한다. 뿐만 아니라 주변이 정돈되어 있지 않으면 정신이 산만해지고 생산력도 떨어진다.

지저분한 것은 신체적으로나 정신적으로 여유를 갖지 못하게 하는 것 외에도 그 사람의 기분에까지 영향을 미친다. 샤워를 하고 난 후, 깨끗이 면도를 하고 난 후, 혹은 화장을 한 후에 사람들은 훨씬 기분이 좋아지는 것을 느끼지만, 자기 모습이 형편없을 때는 기분도 우중충해진다.

지저분한 방이 주는 효과도 마찬가지다. 그것은 그 방의 주인이 잘 정돈된 사람이 아니며 주변을 깨끗하게 유지하는 연습이 되어 있지 않은 사람이라는 증거가 된다. 반대로 주변을 깨끗하게

정리하는 것은 자신이 잘 정돈된 사람이고 자기훈련이 잘된 사람임을 증명해준다.

이런 외면적인 행동은 결국 내면 세계에도 영향을 미친다. 성공을 위해 옷을 차려입는 것이 자신감을 북돋워주는 효과를 주는 것과 다르지 않다.

진정한 결심

"진짜 결심은 새로운 행동을 취했는지 여부에 따라 결정된다. 새로운 행동이 따르지 않으면 그것은 진정한 결심이 아니다."

토니 로빈스 Tony Robbins, 동기부여 전문가, 강연가이자 작가

뭘 해보겠다는 마음을 먹었을 때, 그에 따른 실제 행동을 취하기 전까지는 진정으로 어떤 결심을 했다고 말해서는 안 된다.

건강한 식습관으로 바꾸기로 마음먹었는가? 집 안에 있는 모든 정크푸드를 치우고 건강한 음식으로 대체하기 전에는 그것이 진짜 결심이라고 할 수 없다. 돈을 모으기로 마음먹었는가? 그렇더라도 실제로 저금통에 돈을 넣는다거나 저축통장에 돈을 입금시키기 전에는 그것이 진짜 결심이라고 할 수 없다.

사업을 시작하려고 마음먹었는가? 물건이나 서비스를 실질적으로 판매하기 전까지는 그것을 진짜 결심이라고 말할 수 없다.

머릿속에서 뭔가를 하겠다는 생각을 했다고 해서 자신이 실제로 단단히 작심을 한 것으로 착각하지 말아야 한다. 실제로 몸을 움직여 실천하기 시작했을 때, 비로소 그것은 진짜 결심으로 인정받을 수 있다.

교육의 비용과 무지의 비용

"교육이 비싸다고 생각된다면 무지를 한번 선택해보라."

앤 랜더스 Ann Landers, 고민상담 칼럼니스트

배움에 게으른 사람이 자신을 합리화할 때 써먹을 수 있는 가장 궁색한 변명이라면 "뭐든 배우려면 돈이 너무 많이 들어서"라는 말일 것이다.

따지고 보면 배우는 것보다 배우지 못한 것이 더 많은 비용이 든다. 책에서 얻은 조언 하나가 무엇보다 소중한 자산이 될 수도 있고, 반대로 충분히 배울 수 있었던 무언가를 배우지 못하고 저지른 실수로 엄청난 손해를 입기도 한다.

만 원짜리 책 한 권으로 건강한 식습관을 길러서 평생 그 혜택을 누리며 살 수도 있는가 하면, 단 한 편의 동영상으로 배울 수 있는 건강 수칙을 몰랐던 탓에 운동을 하다가 큰 부상을 당하고 무지에 대한 값비싼 대가를 치러야 할 수도 있다.

무엇보다 현대인들은 전혀 돈을 들이지 않고도 인터넷을 통해 배울 수 있는 기회가 널려 있다. 무료 동영상이나 참고자료, 기사나 책을 통해 글쓰기든, 웹 프로그래밍이든, 마케팅이든 혼자서도 충분히 많은 것을 익힐 수 있다.

렌트 원칙

"렌트 원칙의 핵심은, 성공은 소유하는 것이 아니라는 것이다. 성공은 오직 렌트할 수 있을 뿐이며, 우리는 매일 그 렌트비를 지불해야 한다."

로리 베이든 Rory Vaden, 세계적인 자기계발 전략가

성공에 대한 바람직한 시각을 갖는 데 크게 도움이 되는 금언으로 '렌트 원칙'이라는 것이 있다.

성공이라는 것은 자동차나 아파트를 빌리듯 일정 기간 자신이 렌트하는 것이라고 가정하는 것이다. 따라서 성공을 계속 유지하고 싶다면 매일매일 그에 따른 임차료를 지불해야만 한다.

이는 성공을 이루는 것을 넘어 성공을 계속 유지하게 해줄 강력한 인생관이 될 수 있다.

세계 곳곳에서 수많은 사람들이 성공적으로 체중을 감량하고, 더 많이 운동을 하고, 성공적인 사업을 이루고, 관계를 개선시키고, 새로운 기술을 익히고, 책을 쓰는 등의 많은 목표를 이루고 있다. 하지만 이에 못지않게 수많은 사람들이 자신의 성공을 영원한 것으로 착각하고 노력을 중단하거나, 경쟁사에게 뒤지고 말거나,

요요현상이 찾아와 애써 감량한 체중이 다시 늘어나는 등 결국 그 성공을 잃어버리고 만다.

이런 일을 방지하고 싶다면 이미 이룬 성공에 안주하지 말고, 자신의 성공은 렌트한 것이어서 매일 의무적으로 임차료를 지불해야 한다는 점을 기억하도록 하라.

목표 상실

"사람은 목표를 향해 나아가도록 설계되어 있다. 인간은 그런 식으로 창조되었다. 흥미롭고 의미가 있는 목표가 없을 때 우리는 제자리에 맴돌거나, 목적이나 방향감각 없이 길을 잃은 듯 헤매기 마련이다. 인간은 환경을 극복하고 문제를 해결하고 목표를 실현하도록 만들어졌기 때문에 극복할 장애물이나 실현할 목표가 없는 삶에서는 참된 행복이나 만족을 얻을 수 없다. 인생이 아무 가치가 없다고 말하는 사람들은 실은 자신에게 가치로운 개인적 목표가 없다고 말하고 있는 것이다."

맥스웰 몰츠 Maxwell Maltz, 미국의 심리학자

살아야 할 이유도, 삶의 의미도 느끼지 못하고 방황하고 있다면 그것은 아마도 실현하고자 하는 중요한 장기적 목표가 없기 때문인지도 모른다. 대개 하나의 목표를 성공적으로 완수하고 다음 목표를 찾고 있는 과도기에 이런 방황을 경험하게 된다.

중요한 장기적 목표를 달성했다면 마음껏 축하할 일이지만, 그 축하 기간이 2주일을 넘기기 전에 다음 도전할 목표를 찾는 것이

좋다. 흥분될 만큼 신나는 새 목표를 찾지 못하거나 중대한 목표 없이 살다 보면 머지않아 우울증에 빠지기 쉽다.

방황이나 우울한 시기를 겪지 않고 언제나 활기차고 의미 있는 삶을 살고 싶다면 중요한 장기적 목표의 리스트를 아예 작성해두는 것도 좋은 방법이다. 하나의 목표를 성취한 뒤에 바로 그다음 목표에 도전하는 식으로 계속하다 보면 끊임없이 자기발전을 위해 도약할 수 있다.

매일의 일과

"잘 짜인 일과는 정신적 에너지를 위한 익숙한 리듬을 만들어주고, 감정기복의 횡포를 물리쳐준다."

메이슨 커리 Mason Currey, 저널리스트, 《리추얼》의 저자

매일 정해진 일과를 따라 살면 목표를 향해 꾸준히 나아갈 수 있을 뿐 아니라 일시적인 감정의 기복으로 인해 하고자 하는 일이 방해를 받을 우려도 줄어든다.

사람인 이상 가끔은 기분이 가라앉을 때가 있다. 정해진 일과가 없는 상태에서 가라앉은 기분으로 잠자리에서 일어나면, 그날 하루 종일 자기 기분을 달래느라 자신이 이전에 했던 결심 따위는 안중에도 없게 된다.

매일 정해진 일과가 있고 그것이 완전히 내면화되어 있으면 그 일과를 실천하지 않을 위험은 크게 줄어든다. 정해놓은 일과가 완전히 생활화되면 그것을 행하지 않았을 때 오히려 마음이 편치 않기 때문이다.

더구나 기분이 안 좋은 상태에서 자신이 해야 할 일조차 하지

못하면 더더욱 마음이 심란해지기 때문에, 이런 이들은 감정의 기복에 상관없이 자신의 일과를 지키는 것이 최선책이 된다.

따라서 장기적인 목표를 정할 때는 그에 따른 매일의 일과도 계획해놓아야 꾸준히 목표를 향해 나아갈 수 있다. 일단 확실히 자리를 잡으면 하루하루의 일과는 자신의 가장 든든한 동맹군이 되어준다.

나약함

"문명에 따른 질병은 우리 자신에게 해가 되는데도 더 편하게 살려고
애쓴 결과다. 편안함은 심신을 나약하게 만들기 때문이다."

나심 탈레브 Nassim Taleb, 레바논 출신의 경제 전문가, 《블랙 스완》의 저자

현대문명이 우리의 삶을 보다 수월하고 편하
게 해준 것은 사실이다. 그러나 지나치게 편한 것만을 추구한 데
따른 부작용도 적지 않다. 현대인들은 고대의 선조들이 일상생활
을 영위하기 위해 겪어야 했던 불편함을 거의 겪지 않아도 되고,
그렇기 때문에 우리는 살면서 사소하게 맞닥뜨리는 불편함들을
견뎌낼 수 있는 능력이 퇴화하고 말았다.

자신을 단련시키기 위해서는 불편한 환경이나 상황에 자신을
맡기는 것이 필요하다. 불편을 경험하다 보면 앞으로 겪게 될 불
편함들도 잘 견뎌낼 수 있게 되기 때문에, 결국 백신과 같은 효과
를 얻을 수 있다.

불편을 경험함으로써 얻게 되는 백신 효과가 쌓이면 삶의 다른
모든 분야에서 보다 큰 지구력과 유연성을 발휘할 수 있게 된다.

편안함만을 추구하다가 자신의 심신이 얼마나 나약해졌는지 반성해보고, 더욱 강인한 인간이 되기 위해 가끔 한 번씩은 편안함 대신 불편함을 선택하도록 하라.

장애물이라는 필터

"담은 우리를 막기 위해 있는 것이 아니다. 우리가 그 무엇인가를 얼마나 간절히 원하는지, 우리에게 알려주기 위해 존재하는 것이다. 왜냐하면 담은 진정으로 간절히 원하지 않는 사람을 막아주기 때문이다. 그것은 우리가 아닌 다른 사람들을 위해 존재한다."

랜디 포시 Randy Pausch, 《마지막 강의》를 쓴 카네기멜론대학 교수

장애물에 부딪혀 짜증이 날 때는 스스로에게 물어보라. 누구든 땀 한 방울 흘리지 않고 달성할 수 있는 목표를 이루었다면, 그것이 과연 기쁘고 뿌듯하게 여길 만한 일이겠는가? 그런 성공이 과연 값진 것일까?

장애물을 만나게 되면 그것이 필터라고 생각해보라. 장애물이 하나씩 나타날 때마다 승리의 월계관을 쓸 자격이 있는 사람들의 숫자가 점점 적어진다.

나는 과연 장애물에서 걸러지고 말 것인지, 아니면 그 어떤 장애가 앞을 가로막더라도 단단한 결심으로 끝까지 이겨내고 말 것인지, 스스로에게 질문하라.

메모하는 습관

보다 나은 삶을 위해 이렇게 하겠다, 저렇게 하겠다 자신에게 다짐을 하는 것도 좋지만, 결국 인간의 기억력은 변덕스러운 것이다. 아무리 굳은 다짐이라도 잊을 때가 있고, 머릿속에만 존재하는 것이기에 의도했든 의도하지 않았든 기억에서 지워져 실천에 옮기지 못할 수도 있다.

그러므로 마음에 생각해둔 계획이 있다면 단 한두 줄이라도 반드시 글로 써서 붙여두는 습관을 들이도록 하라. 종이에 자신의 목표를 써두면 볼 때마다 결심을 새로이 할 수 있고, 더 이상 머릿속에만 있는 계획이 아니기 때문에 잊고 싶어도 쉽게 잊을 수 없다.

목표 외에도 그 목표에 도달하기 위한 구체적인 일과를 함께 적어두면 좋다. 실천에 옮기기 시작한 후에는 그 진척 상황을 일지로 기록한다면 더더욱 금상첨화다. 그렇게 하면 목표에 얼마나 근접하고 있는지 추적하기가 쉬워지고, 꾸준히 발전해가고자 하는 의욕도 샘솟을 것이다.

앞으로 한 발 내딛지 않으면

언제까지나 제자리걸음이다

......

2

계획의 설렘

"내가 어떤 거창한 일을 할 계획인지 그녀에게 말해주는 것으로 더 좋은 시간을 보낼 수 있는데, 굳이 거창한 일을 해야 할 이유가 있는가?"

F. 스콧 피츠제럴드 F. Scott Fitzgerald, 《위대한 개츠비》를 쓴 미국의 소설가

자신이 세운 계획을 다른 사람들에게 말하고 함께 나누는 데는 하나의 위험이 따른다. 계획 그 자체에 매료된 나머지 그것을 실행할 생각을 하지 않게 될 위험이다.

사람들에게 내 계획을 떠벌리는 것은 중독성이 강한 즐거움이 있다. 그들이 감탄을 하고, 마치 내가 이미 그 계획을 실천한 것 같은 착각마저 들게 되기 때문에, 실제로 의미 있는 실천행위를 하지 않고도 마치 그 일을 다 이룬 듯한 즐거움을 느낄 수 있다. 오지를 탐험하겠다는 계획을 친구들 앞에서 밝히고 함께 이야기 나눌 때는 신나고 재미있지만 정작 탐험을 나서려고 하면 겁이 나고 걱정이 앞서서 망설이기만 하는 경우가 좋은 예다.

혹시 당신에게도 오래전부터 말만 무성하고 실천하지 않은 거창한 계획이 있는지 점검해보라. 가장 좋은 방법은 최근 친구들과 나눈 대화 중에서 자주 이야기했지만 실제 행동으로 옮기지 않은 주제가 있는지를 찾아보는 것이다.

앞을 향한 발걸음

"묻지 않으면 대답은 항상 '노'이다. 앞으로 한 발짝 떼지 않으면 언제나 '제자리걸음'이다."

노라 로버츠 Nora Roberts, 미국의 로맨스 소설 작가

많은 사람들이 실패가 두려워서 혹은 자신에 대한 믿음이 부족하여 원하는 일에 뛰어드는 것을 주저한다. 앞으로 한 발짝 내디디지 않으면 항상 '제자리걸음'이 된다는 것을 깨닫지 못한다.

설령 앞으로 한 발짝 내디뎠다가 실패만 맛보고 뒷걸음질 치게 되더라도 최소한 이 경우 '경험'은 얻을 수 있다. 앞으로 한 걸음 내딛는 것으로 잃는 건 전혀 없다. 오히려 많은 것을 얻을 수 있다.

남들에게 웃음거리가 될까 봐, 실패하고 말까 봐 하고 싶은 일에 뛰어들지 못하고 있는가? 이처럼 피하기만 하면 아무것도 이루지 못하고 당연히 '실패'로 끝나지만, 최소한 시도라도 해보면 성공의 작은 가능성과 뭔가 새로운 것을 배울 100%의 기회를 얻게 된다는 점을 기억하라.

눈앞의 결승지점

"사람들은 단거리 여행의 출발선에 서 있을 때보다 장거리 여행의 종
착점에 가까이 다가가 있을 때 더 큰 의욕을 느낀다."

칩 히스 & 댄 히스 Chip and Dan Heath, 조직행동론 전문가, 《스위치》의 공동저자

 25킬로미터를 뛸 작정으로 5킬로미터를 달렸
을 때와 5킬로미터를 뛸 작정으로 첫 발자국을 떼었을 때, 이 두
경우를 비교해보자. 얼핏 생각하기에는 마음 자세에 별 차이가 없
을 것 같지만, 베스트셀러 작가인 칩 히스와 댄 히스에 의하면 첫
번째 경우에 사람들은 더 의욕이 넘친다고 한다.

이런 결과가 나오는 이유는 아마도 사람들은 뭔가에 도전할 때
시작하는 것을 어려워하기 때문일지도 모른다. 첫 장애를 이겨내
고 목표를 향해 일단 다가가기 시작하면 의욕에 불이 붙고, 그 의
욕이 결승지점까지 이어질 수 있다.

이 원리를 자신이 마음먹은 일을 실천하는 데도 적용해보면 좋
을 것이다. 예를 들어 비상금을 모으기로 결심했다면, 일단 수입
원이 있는 것으로 목표를 향한 질주가 시작된 것으로 간주해보라.

수입원이 없다면 언제라도 팔아서 현찰화할 수 있는 물건이 있는 것으로 질주를 시작한 셈 쳐보자.

뱃살을 빼고 근육을 키우기로 결심했다면, 기본적인 운동을 시작하는 것으로 목표에 접근하고 있는 셈 치거나, 운동에 대한 책이나 기사를 읽는 것, 혹은 응원해주는 지인이 있는 것으로 목표를 향한 달리기를 시작한 셈 치도록 한다.

어떤 식으로든 첫발을 디디고 그 행로에 들어서서 결승지점을 향해 나아가기 시작하는 것이 무엇보다 중요하다.

실천의 힘

"장검을 가진 자는 전략을 통해 승리하는 방법을 알고 있지만, 그것을 글로 분명하게 설명할 수는 없다. 어떻게 이길 것인지 배우려면 부지런히 연습을 하는 수밖에 없다."

미야모토 무사시 Miyamoto Musashi, 일본 에도시대의 전설적인 검술가

아무리 많은 책을 탐독하고 블로그 포스팅이나 기사를 정독하고 비디오를 본다 해도 그것으로 실전 능력을 키울 수는 없다. 아무리 잘 쓴 글이어도, 단 한 번 행동으로 직접 실천해보는 것이 수백 가지 글을 읽는 것보다 더 도움이 된다.

힘들고 불편한 일을 할 때 최초의 몇 분이 가장 견디기가 힘들다. 하지만 그 몇 분을 잘 견뎌내면 우리 몸은 이 새로운 도전을 보다 더 잘 받아들이도록 적응하기 시작한다.

냉수마찰의 경우를 생각해보자. 처음 몇 분은 온몸이 덜덜 떨리고 당장 뜨거운 물을 틀고 싶은 유혹에 압도당한다. 단 몇 초도 견딜 수 없을 것 같은 절망감도 밀려온다. 하지만 2~3분이 지나면 신체가 이에 적응하면서 어느새 냉수마찰이 세상에서 가장 지독

한 고통이라는 생각도 사라지게 된다.

    그리고 성공적으로 냉수마찰을 마치고 나오면 나약한 의지를 극복했다는 사실에 날아갈 듯한 기분이 든다.

인생 낭비벽

"습성이라고는 우유부단한 태도밖에 없는 것보다 더 비참한 인생살이는 없다. 담배에 불붙이기, 물 한잔 마시기, 매일 잠자리에 들고 일어나기 등 사사건건 뭉기적거리며 할까 말까 의식적으로 심하게 고민해야만 하는 인생살이도 마찬가지다. 이렇게 하는 사람은 실질적으로 전혀 의식할 필요 없이 습관으로 몸에 배어 있어야 할 일을 두고 뭉기적거리거나 후회하는 것으로 주어진 시간의 절반은 허비하고 만다."

윌리엄 제임스 William James, 미국의 철학자, 심리학자

정해진 일과가 잘 짜여 있을수록 마음의 결정을 내리는 데 드는 시간과 노력을 절약할 수 있다. 지극히 생산적인 사람들은 자신의 일과를 정해서 잘 따른다는 공통된 특징을 보인다. 그런데 그 구체적인 내용에서는 크게 차이가 있다.

예를 들어 파블로 피카소는 매일 오후 3시부터 밤 2시까지 작업하고 밤 10시에 한 시간의 휴식시간을 가지는 일과를 철저히 지켰는가 하면, 빅토르 위고는 낮 시간의 대부분은 여유생활을 하다가 오후 6시에서 8시 사이 두 시간은 글쓰기에 집중했다. 벤저민

프랭클린은 새벽 5시에 기상한 반면, 파블로 피카소는 오전 11시에야 잠자리에서 일어났다.

이처럼 남들의 일과보다는 자기 자신에게 맞는 구체적인 일과를 정해서 지키는 것이 중요하다.

일어나는 시간과 잠자리에 드는 시간, 그날 하루 일을 시작하기 전에 할 일, 일하는 시간 등, 인생을 살아가면서 반드시 지키고자 하는 일상적인 활동을 최소한 세 가지 정도만이라도 정해두고 매일 이것을 지키도록 하라. 그러면 결정을 내리지 못해 뭉기적거리며 보내는 시간을 절약할 수 있을 뿐만 아니라 자신의 인생을 보다 더 잘 통제할 수 있게 된다.

습관 만들기

"성공은 사실 단거리 경주다. 습관이 스며들어 몸에 밸 때까지만 극기심을 발휘해야 하는 전력질주다."

게리 켈러 Gary Keller, 미국의 기업가, 사업 코치, 《원씽》의 저자

습관은 마술 같은 힘을 갖고 있다. 일단 습관이 몸에 배면 절제심이나 자제력을 약간만 발휘해도 동일한 행동을 꾸준히 실천할 수 있다. 처음에는 무척 힘들다고 생각했던 행동이 의지력의 도움 없이도 거의 자동적으로 튀어나온다.

목표에 도달하기까지 가장 힘든 과정이 바로 이 습관을 기르는 과정이다. 연구에 의하면 새로운 습관이 몸에 배기까지는 최소 18일에서 254일이 걸린다고 한다. 따라서 첫 한 달이 가장 힘든 시기다. 일단 원하는 습관이 들면 모든 것이 수월해진다.

기억하라. 습관, 그리고 습관으로 인한 라이프스타일과 정체성의 변화만이 오래 지속되는 성공으로 갈 수 있는 길이다.

자기훈련과 자기애

"자기훈련은 자기애의 다른 이름이다. 자신을 진정으로 고귀한 존재로 여기면 자신에게 주어진 시간도 고귀하게 여기게 되고, 그것을 잘 정리하고 보호하고 최대한으로 잘 사용하게 된다."

M. 스콧 펙 M. Scott Peck, 미국의 정신과 의사

스스로를 단련하는 행위를 '미래에 무언가로 보상받기 위해 지금의 나를 힘들게 하는 것'으로 여긴다면 그것을 인생의 한 부분으로 오랜 시간 받아들이는 건 쉽지 않다. 반대로 자기단련을 '자신을 사랑하고 보살피는 행위'로 생각한다면 어떻게 달라질까?

자기훈련을 힘든 것으로만 여기면 일찍 일어나는 것이나 걷기 운동, 야채 위주의 식사, 저축 등이 모두 이를 악물고 참아야 할 고통으로만 느껴질 것이다. 하지만 이 모든 것이 자신을 사랑하는 마음에서 스스로를 보살피고 챙겨주기 위한 행위라고 생각한다면 보다 즐겁고 기쁜 마음으로 해낼 수 있다.

의지력

"인간을 짐승과 구별 짓는 것이 의지력이다. 의지력은 충동을 억제하고 유혹을 뿌리치게 하는 능력이다. 그것은 길게 보았을 때 우리에게 득이 되고 올바른 행동을 하도록 하는 것이지, 지금 당장 하고 싶은 것을 하게 하는 것이 아니다. 사실상 문명의 핵심이 인간의 의지력이다."

로이 바우마이스터 Roy Baumeister, 플로리다주립대학 심리학 교수

인간에게는 보다 나은 미래를 위해 충동을 억제하는 능력이 있다. 하지만 불행히도 많은 사람들이 '마음이 내키면 하고 내키지 않으면 안 한다'는 원칙에 따라 살고 있다.

어떤 면에서 보면 유혹이 있을 때마다 그에 혹해 넘어가는 것은 자신의 인간성을 포기하는 것이나 다름없는 일이다. 지성을 가진 인간으로서 우리에게는 본능뿐만 아니라 이성적 사고를 바탕으로 결정을 내릴 수 있는 능력이 있기 때문이다. 이것은 인간의 의무이기도 하다.

두뇌에서 가장 원시적인 부분(장기적으로 가장 도움이 안 되는 부분이다)에만 이끌려 살기를 거부하고 '의지의 근육'을 사용함으로

써 보다 나은 인간이 되려는 노력을 해야 한다. 생존에 직접적인 위협이 있는 경우를 제외하면 원초적 본능은 일시적인 만족을 줄 수 있을지언정 장기적으로는 거의 도움이 되지 않는다.

안주하지 않는 삶

"뭘 해서 썩 괜찮은 결과가 나왔으면 거기에 너무 매달리지 말고 그보다 더 멋진 다른 무엇인가를 이루기 위해 뛰어들어야 한다고 생각한다. 그냥 다음에는 뭘 할까, 찾아나서는 거다."

스티브 잡스 Steve Jobs, 애플의 전 CEO

제대로 살려면 성장하고, 힘든 일에 도전하고, 항상 지금보다 더 나아지려고 노력해야 한다. 내가 이룬 업적을 축하하는 것도 중요하지만 그렇게 자신이 해낸 일에만 너무 매달리다 보면 현실에 안주하게 되고 미래의 성장 가능성을 포기하게 된다.

자신의 성공을 충분히 축하한 뒤에는 이다음에 무슨 도전에 뛰어들까, 그것을 생각해내야 한다. 어떻게 내 삶을 한 단계 더 업그레이드시킬 것인가?

예를 들어 체중조절에 성공했다면, 이제는 근육을 다지고 건강한 식습관을 형성하기에 아주 적기다. 조금이라도 돈이 모이고 경제적으로 안정되기 시작했다면, 여기서 한 걸음 더 나아가 주변인이나 은행에 전혀 의지하지 않아도 되는 경제적인 독립을 이루기에 최적기다.

훌륭한 업적을 이루었다면 그것을 좀 쉬어도 된다는 허가증으로 여기지 말고, 보다 더 훌륭한 업적을 이루기 위해 다른 일을 시작할 기회로 삼아야 한다.

책임 회피

"다른 사람이 나를 노예 취급한다고 불평하기 전에 나 자신이 나를 노예 취급하고 있는 건 아닌지 돌아보라. 반성해보면 내 마음속에 노예 같은 사고방식이나 열망이 있을 수 있고, 일상생활에서 노예적 습관을 갖고 있는지도 모른다. 이걸 극복해서 자신의 노예가 되는 것을 멈추어야 한다. 그러면 어느 누구도 위력으로 나를 노예로 만들 수 없다."

제임스 앨런 James Allen, 영국의 베스트셀러 작가

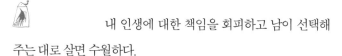 내 인생에 대한 책임을 회피하고 남이 선택해주는 대로 살면 수월하다.

체중조절에 번번이 실패하는 것도 허구한 날 먹고 마시자고 불러내는 친구들 탓으로 돌리면 편하다. 늘 돈에 쪼들리는 것도 천문학적인 돈을 들여 광고를 해대는 자본기업 탓으로 돌리면 편하다. 운동을 꾸준히 못 하는 것은 나한테 바라는 게 많아서 자꾸 시간을 빼앗아 가는 사람들 때문에 건강한 생활습관을 기를 틈이 나지 않은 탓이라고 생각하면 편할 것이다.

하지만 이것은 현실과 동떨어진 변명일 뿐이다.

인간이라면 누구나 환경의 영향을 벗어날 수 없는 것이 사실이지만, 내 인생을 다스리는 것은 전적으로 나 자신에게 달려 있다. 제임스 앨런의 말대로 내가 내 인생의 완벽한 주인 노릇을 할 수 있으면 그 어느 누구도 위력으로 나를 노예로 삼을 수 없다.

자기관리를 못 하는 것에 대해 다른 사람을 탓하기 전에 먼저 생각해보라. 내 입에 초콜릿을 넣고 만 것은 옆에서 초콜릿을 먹고 있는 사람을 나무랄 일인지, 아니면 나 자신을 나무랄 일인지를.

용기 있게 고난을 택하는 사람

"고달프게 살면 인생이 수월해지고, 수월하게 살면 인생이 고달파진다."

데이브 케키치 Dave Kekich, 맥시멈 라이프 재단 CEO

자기관리에는 고달픔이 따른다. 유혹을 뿌리쳐야 하고, 먼 장래에 보다 크고 좋은 보상을 받기 위해 눈앞에 보이는 즐거움을 포기해야 한다.

물론 불편한 것은 죄다 기피하고 내가 원하는 것만 실컷 즐기고 살면 당장은 인생이 수월하겠지만, 그렇게 살다 보면 결국 헛된 쾌락을 쫓다가 더 나은 미래를 잃고 말 것이다.

의지가 약한 사람은 어려움에 부닥칠 때 이를 피할 생각만 한다. 하지만 매사 편안한 것만이 제일이라고 생각하는 삶에서 대체 무엇을 성취할 수 있을까? 살다 보면 어쩔 수 없이 부딪히기 마련인 위기에 직면할 때 이를 어떻게 관리할 수 있을까?

어렵거나 불편한 것들은 모두 요리조리 피해 다니며 편안하게만 살려고 하는 사람에게는 비교적 조그마한 문제도 극복할 수 없이 큰 장애로만 느껴진다.

보다 억척스럽게 열심히 살아가는 사람은 오히려 도전을 찾아 나선다. 도전을 만나면 이를 받아들이고 그 과정에서 기회를 넓혀 간다. 고달픈 삶을 자초하며 사는 사람은 갈수록 강인해지기 때문에, 그들이 극복할 수 없는 장애도 이에 비례해서 점점 줄어들기 마련이다.

어려움을 스스로 찾아 나서기 때문에 하루하루 날이 갈수록 문제 상황에 대한 면역성도 점점 강해진다. 예기치 못한 불운을 당하더라도 그것을 다스릴 수 있게 된다. 늘 고달픔을 짊어지고 살아왔기 때문에 항상 고난과 고통에 맞설 준비가 되어 있기 때문이다.

당신이 가진 능력

"어떤 일을 겪을 때마다 자신이 가진 능력 가운데 그 일을 다루는 데 요긴하게 쓰일 능력이 어느 것인지 잘 찾아보도록 하라. 자신을 미혹하는 매력적인 이성을 만나면, 욕망을 다스리는 자제력이라는 능력이 자신에게 있음을 알게 될 것이다. 고통을 겪을 때는 의연함이라는 능력을 발견하게 된다. 귀에 거슬리는 말을 들을 때는 인내심이라는 능력을 알게 된다."

에픽테토스 Epictetus, 고대 그리스의 철학자

하늘은 우리가 감당하지 못할 문제를 던져주지 않는다는 말이 있다. 어떤 일을 당하더라도 인간에게는 그것을 감당할 수 있는 능력이 있다.

문제는 그 능력을 어떻게 찾아서 제대로 잘 쓸 것이냐 하는 것이다. 안타깝게도 많은 사람들이 문제가 생기면 이러한 능력을 찾아서 해결하려 하지 않고, 그저 좌절하거나 불평만 늘어놓는다.

눈을 가린 채 문제가 저절로 사라지기만을 바라고 있으면 아무 것도 얻을 게 없다. 어떤 일을 겪을 때마다 자기 안에서 필요한 능

력을 찾아 극복해나간다면 문제가 해결될 뿐만 아니라, 그 능력을 갈고닦는 부차적인 이득도 누릴 수 있다.

자신이 발휘할 수 있는 능력의 리스트를 가지고 모든 부정적인 감정과 싸워 이겨라. 허둥지둥하며 헛된 시간과 노력을 쏟아붓지 않아도 당신은 충분히 문제를 해결할 수 있다.

차분한 마음

"차분한 마음은 아름다운 지혜의 보석 같은 것이다. 그것은 자신을 다스리기 위한 노력을 오랫동안 끈기 있게 한 결실이다. 마음이 차분하다는 것은 농익은 경험, 그리고 사고의 법칙과 작용에 대해 보통 이상의 지식을 갖고 있음을 의미한다."

제임스 앨런 James Allen, 영국의 베스트셀러 작가

철저한 자기훈련이라고 하면, 마음을 비운 채 몇 시간이고 가부좌를 튼 채 앉아서 명상을 하는 수도승의 모습이 떠오를 것이다. 정신없이 바쁘게 돌아가는 현대사회에서 그런 자기훈련은 마치 슈퍼 파워와도 같이 경이롭게 느껴진다.

마음이 고요하고 차분한 경지에 이른 사람은 극히 찾아보기 힘들지만, 실제로는 약간의 노력으로도 누구나 이 경지에 도달할 수 있다.

차분한 마음을 얻을 수 있는 가장 흔한 방법은 명상이다. 일주일의 스케줄 가운데 어떤 형태로든 명상하는 시간을 포함시키게 되면, 자아 통제력과 인내심을 기르는 동시에 스트레스를 줄이고

보다 행복해질 수 있다.

하지만 명상만으로는 부족하다. 일상에서 늘 차분한 마음을 가질 수 있는 좋은 방법은 지금 이 순간 자기가 하고 있는 하나의 활동에 주의를 집중시키는 것이다.

요가, 바위 타기, 복싱과 같이 고도의 집중력이 필요한 활동을 통해 이 상태에 도달할 수 있다. 정원 가꾸기, 춤추기, 혹은 뜨개질과 같은 보다 일상적인 활동도 마찬가지 효과를 얻을 수 있다.

재미 붙이기

"내 사업방식의 키워드는 '재미'이고, 이는 사업을 시작한 이후 내가 하는 모든 일에 핵심적인 역할을 해왔다. 버진항공사가 성공한 비결이라면 바로 재미다. 물론 사업을 남들이 안 하는 짓을 해가며 재미로 한다는 생각은 기존의 사고방식에 어긋나는 일이라는 것을 잘 알고 있다. 사업이라고 하면 등골 빠지게 열심히 일하는 것이라는 생각이나, '현금흐름할인', '순수자본가치' 등을 중시하는 일부 경영대학들이 가르치는 내용과도 분명 다르다."

리처드 브랜슨 Richard Branson, 영국 버진그룹 회장

자기훈련이나 장기적인 목적을 달성하기 위한 실천 노력은 반드시 힘겨운 일이어야 할 필요가 없다. 노력하는 과정이 지루하고 재미를 붙일 수 없어서 번번이 실패하게 되면 집념을 가지고 꾸준하게 해나간다는 게 마음처럼 쉽지 않다.

사람들이 가장 힘들어하는 일 가운데 하나는 운동이다. 운동이 고통스러울 정도로 반복적인 활동이라고 생각하면 며칠이나 몇 주를 넘기기가 어렵다. 이럴 때 꾸준히 운동을 할 수 있는 비결은

재미있게 할 수 있는 활동을 찾는 것이다.

재미라는 요소가 빠지면 운동은 늘 힘겨운 일이 될 수밖에 없다. 운동 외에도 삶에는 힘든 일이 이미 충분히 많이 있지 않은가.

우리가 하고자 하는 모든 일에 이 원리는 적용된다. 신중해야만 하는 사업에도 간혹 농담도 하고, 취미 삼아 글도 쓰고, 새로운 아이디어를 시험해보고 하는 등으로 재밋거리를 충분히 만들 수 있다.

만약 목표를 이루기 위한 노력이 즐겁고 재밌는 일이 되기를 원한다면, 종이 위에 그에 관한 아이디어 리스트를 작성해보라.

나의 기준

"다른 사람이 내게서 기대하는 것보다 더 높은 기준을 세우고 이에 대해 스스로 책임을 떠맡으라. 절대 변명을 하지 말고, 절대 자신을 가엾게 여기지 말라. 나 자신에게는 엄격한 주인 노릇을 하고, 다른 모든 사람에게는 관대하라."

헨리 워드 비처 Henry Ward Beecher, 미국의 목사이자 저명한 설교가

나에게 중요한 기준은 오로지 내가 정한 기준뿐이다. 다른 사람이 말하는 삶의 기준에 따라 살다 보면 게을러지고, 다니는 직장을 증오하게 되고, 가족을 위한 시간이 늘 부족하고, 빚에 시달리고, 건강하지 못한 식습관에 물들게 될 따름이다.

주변 사람들은 "그만하면 날씬한데 왜 다이어트를 하니?" "돈을 모을 생각만 하지 말고 좀 쓰면서 살아라" "매일같이 꼭두새벽에 일어나서 설치지 말고 보통 사람들처럼 출근 시간에 맞춰서 일어나면 안 돼?" 하는 이야기들을 끊임없이 한다.

그러나 이러한 기준을 따르면 결코 자신을 발전시킬 수 없다. 스스로 높은 기준을 정하고 늘 그에 대한 책임의식을 가져야 성공적이고 생산적인 삶을 보장받을 수 있을 뿐만 아니라 나날이 더나은 자신을 만들어갈 수 있다.

자기훈련을 통해 얻는 행복

"알 수 없는 세상을 살아가면서 이해하기 어려운 일도 많이 있다. 그중한 가지는 가장 악착같이 일하고, 가장 혹독하게 자신을 훈련시키고, 목표하는 바를 위해 그 어떤 즐거움도 포기하는 이들이 사실은 가장 행복한 사람들이라는 것이다. 장거리 경주를 위해 20~30명의 사람들이 모여 줄지어 서 있는 것을 보면 그들을 가엾게 여기거나 불쌍하게 생각할 것이 아니라 부러워해야 한다."

브루스 해밀턴 Bruce Hamilton, 십종경기 선수

오랜 시간 동안 자신을 단련하려는 시도를 해보지 않은 사람은 쾌락을 포기하는 것으로 얼마나 큰 행복을 얻을 수 있는지 이해할 수 없다. 먹고 싶은 것을 참느라 이를 악물어야 할 때, 운동하는 것이 극심한 고통으로 느껴질 때, 돈을 모으기 위해 꼭 사고 싶은 물건을 포기해야만 할 때는 더더욱 그렇다.

하지만 자신을 엄격하게 다루고 훈련시키는 것은 결국 보다 행복한 삶으로 이끌어준다.

자제력을 발휘하는 것은 원초적인 말초신경의 지배에서 벗어나기 위한 노력이다. 이는 본능적인 충동을 거부하고 보다 크고 중요한 목표를 위해 나아가는 것이다.

고통을 분리시키는 법

"숙련된 달리기 선수들도 훈련할 때 불편함과 고통을 느끼는 것은 마찬가지지만, 그에 대한 반응 방식은 다르다. 그들은 어쩔 줄 몰라 하며 쩔쩔매는 대신 침착하게 자신과 대화를 나눈다. '이제 고통스럽기 시작하는군. 당연하지. 열심히 달리고 있으니까. 하지만 난 이 고통과 분리되어 있어. 그러니 다 괜찮을 거야.' 명상을 하듯, 운동을 할 때 받는 스트레스에 어떻게 반응할 것인지 스스로 선택하라."

브래드 스털버그 Brad Stulberg, 작가 / **스티브 매그네스** Steve Magness, 러닝 코치

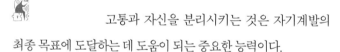 고통과 자신을 분리시키는 것은 자기계발의 최종 목표에 도달하는 데 도움이 되는 중요한 능력이다.

운동이든, 노동이든, 다이어트든, 노력이 요구되는 거의 모든 활동에는 어쩔 수 없이 고통이 따른다. 하지만 그 고통은 자신이 어떻게 반응하는지에 따라 방해물이 되기도 하고, 더 큰 자기성장을 이룰 수 있도록 만들어주기도 한다.

물론 부상이나 안전사고의 위험에는 주의를 기울여야 한다. 하지만 고통이나 불편함을 느낄 때 굳은 정신력으로 그 고통을 자신과 분리시킬 수 있으면, 우리는 보다 쉽게 고통을 극복할 수 있다.

장기적인 안목

"우리는 늘 앞으로 2년 안에 일어날 변화를 너무 과대평가하고, 앞으로 10년 안에 일어날 변화는 과소평가한다. 아무것도 안 하고 가만있는 우를 범하지 말라."

빌 게이츠 Bill Gates, 마이크로소프트 설립자

빌 게이츠는 PC 산업에 대해 이런 말을 했지만, 자기훈련도 이와 크게 다르지 않다. 많은 사람들은 목표를 정하고 이를 행동으로 옮긴 지 몇 주 혹은 몇 달 만에 바라던 만큼의 변화가 이루어지지 않았다고 실망하면서 포기하고 만다. 6개월 안에 사업을 성공적으로 키우겠다거나, 3개월 안에 완벽한 몸매로 가꾸겠다거나, 단 4주 내로 영어를 마스터하겠다거나 하는 것들이 실패하기 딱 좋은 근시안적인 사고방식의 예다.

하지만 한 가지 일을 10년 동안 꾸준히 실천한다면 그 누구라도 세계적인 수준의 전문가가 될 수 있다. 여기에 탄력까지 붙게 되면 더더욱 놀라운 결과를 낼 수 있다. 속도가 가속화될 때까지 목표에 매진하는 것이 요령이다.

무엇이든 원하는 것이 있다면 단기적 목표가 아닌 장기적인 목표를 세우도록 하라.

보통이라는 것

"'보통'이란 성공적이지 못한 사람들, 일반적인 적응 수준에 훨씬 못미치는 사람들에게는 이상적인 목표다. 하지만 평균 이상의 능력을 가진 사람들, 성공을 이루는 것이나 자신이 해야 할 몫을 다하는 것이 한 번도 어렵게 느껴지지 않았던 사람들, 이런 사람들의 경우 그냥 '보통'이기만 하면 된다는 심리적 충동은 프로크루스테스의 침대와 같은 것이다. 즉 치명적이고 견딜 수 없이 무료하며, 메마르고 한심스러운 지옥 같은 것이다."

칼 융 Carl Jung. 스위스의 정신의학자

대부분의 사람들은 불편한 것이나 고단한 것은 뭐든 피하려고 한다. 자신을 발전시키는 노력에는 관심이 없다. 자기계발과 성장을 위해서는 때로 먹고 싶은 것을 참아내는 고통을 감내해야 하고, TV 앞에서 무한정 빈둥댈 수 없으며, 필요 없는 걸 사는 데 돈을 지출하지 않아야 하고, 또 직장에서 늦장을 부리고 요령을 피우는 것을 그만두어야 하기 때문이다.

자신을 잘 다스리고 보다 건설적인 삶을 살려고 하다 보면 다른 이들의 눈에는 이상한 사람으로 비쳐지기도 한다. 자신을 좀 더 발전시키고자 할 뿐인데 이처럼 사람들이 부정적인 반응을 보이면 처음에는 받아들이기 힘들 수도 있다.

그런 상황을 겪게 되면 이 점을 기억하라. 그저 그런 사람으로 일생을 보내는 데 만족한다면 '보통' 수준에서 안주해도 좋지만, 지극히 생산적이고 추진력이 강한 사람으로 인생을 알차게 살기 원한다면 보통 이상의 '비범' 수준에 목표를 두어야 한다.

끈기 있게 버티기

"천재성이란 단지 지속적인 노력을 하게 만드는 힘일 뿐인 경우가 많다. 실패와 성공은 워낙 종이 한 장 차이라서 우리는 그 경계를 넘고도 넘어선 줄 모를 때가 많이 있다. 그 차이가 워낙 미세해서 그 경계에 서 있으면서도 알지 못한다. 조금만 더 노력하고 조금만 더 버텼더라면 성공했을 텐데 포기해버리는 경우가 얼마나 많은지. 썰물이 있으면 반드시 밀물이 오기 마련이다. 사업 전망이 너무나 어두워 보일 때도 사실은 단지 실패에서 성공으로 역전되려는 순간일 때가 많다. 조금만 더 버티고 조금만 더 노력하면 희망이라고는 보이지 않던 실패가 찬란한 성공으로 뒤바뀔 수 있었을 텐데. 실패는 없다. 포기가 있을 뿐이다. 패배는 마음속에나 있는 것이다. 극복하지 못할 장애는 없다. 마음속에 허약한 목적의식이 있을 뿐이다."

앨버트 허버드 Elbert Hubbard, 미국의 작가

암벽등반을 할 때 팔에 심한 무리를 느껴 더 이상 암벽을 타기 힘든 등반자는 자일에 매달린 다른 등반자에게 로프를 맡기고 잠시 숨을 돌리며 힘을 충전하기도 한다.

이 방식은 어려운 코스를 등반하는 법을 배우는 데는 도움이 될 것이다. 하지만 이런 상황에 처한 등반자는 정신적, 육체적인 부담으로 인해 많은 경우 등반을 포기하게 되어 온사이트(첫 번째 시도에 등반을 성공하는 것)나 레드포인트(로프에 의존하지 않고 등반을 완수하는 것)의 기회를 놓치고 만다.

더 이상 암벽에서 버틸 힘이 없다고 느낄 때에도 최소한 한두 번 정도는 더 움직일 수 있다. 이 한두 번의 움직임이 결국 자신의 위치를 업그레이드시켜 안전하게 힘을 충전하고 로프에 매달려 쉴 필요 없이 등반을 계속할 수 있게 해주기도 한다.

우리의 인생살이도 이와 비슷하다. 더 이상 지탱할 수 없다고 느낄 때, 할 수 있는 데까지 다 했지만 이제는 포기하고 항복하는 수밖에 없다고 느낄 때, 그럴 때도 사실은 조금만 더 끈기 있게 버티면 성공이 바로 목전에 있는 순간일지 모른다.

포기하고 싶은 마음이 들 때는 조금만 더 버텨보자고 자신을 타이르도록 하라. 아주 가까운 곳에 성공이 기다리고 있을지도 모른다.

단계적으로 한계를 극복하라

"그날 별다른 이유 없이 좀 달려보기로 마음을 먹었다. 그래서 길 끝까지 내달렸다. 길 끝에 다다르자 마을 끝까지 한번 달려보자 하는 마음이 들었다. 마을 끝에 다다르자 그린보우 카운티를 한번 일주해보자 하는 생각이 들었다. 여기까지 달린 김에 앨라배마주를 횡단해보자는 생각이 들었다. 실제로 나는 횡단을 했다. 앨라배마주를 거뜬히 횡단해 달린 것이다. 그저 아무 이유 없이 그냥 계속 달렸다. 나는 바다까지 마냥 내달렸다. 바다에 이르자 '여기까지 왔으니 뒤로 돌아서서 그냥 계속 달리던 대로 달려보자' 싶었다. 또 다른 바다에 이르자 '여기까지 온 김에 뒤로 돌아서서 그냥 계속 달려보자'는 생각이 들었다."

영화 〈포레스트 검프〉 중에서

자기훈련이라고 해서 꼭 새벽 4시에 잠자리에서 일어나거나, 과일과 채소만 섭취하거나, 하루 12시간 동안 생산적으로 일을 하거나, 중세 수도승처럼 모든 쾌락과 즐거움을 멀리해야 하는 것은 아니다. 이러한 것들은 자기훈련에 필수적인 사항도 아닐뿐더러, 자기를 다스리는 것은 이들을 행함으로써 하루

아침에 이루어지는 것도 아니다.

그보다는 쉬운 도전부터 시작해 하나씩 둘씩 실천해나가는 것이 중요하다. 하루 5분 산책하는 것으로 운동을 시작하거나, 당분이 들어간 음식을 하루에 한 가지씩 채소로 대체함으로써 식습관 개선을 시작할 수 있다.

이에 대해 부끄럽게 여기거나 죄책감을 느낄 필요는 없다. 이처럼 사소한 것으로 일단 시작부터 해보고, 이것이 익숙해지면 보다 어려운 단계에 도전하면 된다. 새롭게 변화하기 위한 여정에 우선 필요한 것은 이것으로 충분하다.

욕망에 대한 복종

"쓸모없는 인간들은 욕망에 복종한다. 종이 주인에게 복종하듯이."

디오게네스 라에르티오스 Diogenes Laertius, 고대 그리스의 철학자

금지된 열매는 그 어떤 열매보다 달콤하다. 자신이 갈망하는 것에 순순히 굴종하는 쾌락이 그처럼 크지 않았다면 누구든 그리 힘들게 자기훈련을 할 필요도 없을 것이다.

하지만 아무리 그 쾌락이 크다고 해도 유혹은 자유로 가는 길을 방해하는 적이라는 사실을 잊어서는 안 된다.

욕망에 복종하다 보면 점점 더 욕망의 노예가 되고, 욕망을 물리치다 보면 더욱 자유로운 몸이 된다. 유혹에 굴복하지 않음으로써 받게 될 보상은 눈앞에 놓인 즐거움과 만족을 포기한 대가보다 훨씬 더 지대하다.

자기훈련이 잘된 사람은 겉으로 보기에 마치 노예처럼 사는 사람처럼 보인다. 맛있는 음식을 마음대로 먹지 못하고, 엄격하게 짜인 일과를 따를 뿐만 아니라, 고난과 불편을 스스로 자초하는 등, 지극히 제한적인 삶을 살고 있는 것 같기 때문이다.

하지만 사람들이 보지 못하는 것이 있다. 자기훈련이 잘된 사람은 수많은 유혹을 거부함으로써 자기 인생의 주인이 된다는 사실이다.

자기훈련이 잘된 사람은 순간적이고 허망한 유혹이 아닌 스스로가 선택한 목표를 따르는 사람이다. 반면 자신의 충동을 조절하지 못하는 사람은 자기 삶을 스스로 통제하지 못하고 꼭두각시처럼 유혹에 조종당하며 살 수밖에 없다.

파킨슨의 법칙

"일의 분량은 결국 그 일을 완수하는 데 주어진 시간을 다 채울 때까지 늘어나기 마련이다."

시릴 파킨슨 Cyril Parkinson, 영국의 역사학자, 《파킨슨의 법칙》 저자

생산력이 높은 사람들의 가장 큰 비밀 중 하나는 주어진 업무를 완성하는 데 걸리는 시간을 제한한다는 것이다. 이것은 질질 끄는 태도를 피할 수 있는 비결이기도 하다.

어떤 일을 집중해서 완수해내는 통제력이 부족하다고 느낀다면 억지로라도 집중하지 않을 수 없도록 빠듯한 데드라인을 정해보라.

평소 같으면 두 시간 걸릴 일도 이렇게 하면 최대치의 능력과 집중력을 발휘해 불과 30분 안에 해치울 수 있다는 사실을 발견하게 될 것이다.

스스로 정한 데드라인에 임무 완수 후의 보상까지 더한다면 금상첨화다. 자신의 생산력을 향상시키는 비결은 이처럼 의외로 간단할 수 있다.

평소 하기 싫어서 미루기만 하던 일이 있다면 지금 당장 그 일을 시작해보라. 다만 충분한 시간을 주는 대신 보통 때의 25% 정도만 시간을 설정하는 것이다.

이처럼 시간 여유를 대폭 줄이면 스스로 미적대는 태도를 용납할 수 없게 된다. 그리고 평소보다 빠른 시간 안에 그 일을 해치우고 나면 뿌듯하고 기쁜 마음에 또 다른 일에 뛰어들고픈 에너지까지 충전된다.

집요함

"집요한 투지를 대체할 수 있는 것은 이 세상에 아무것도 없다. 재능? 재능이 있으면서도 성공하지 못한 사람들만큼 흔한 것도 없다. 천재성? 보상 없는 천재성은 거의 속담 수준이다. 교육? 세상에는 학벌 좋은 백수들이 흔해빠졌다. 집요한 투지와 집념은 전지전능한 힘이다. '집요하게'라는 슬로건은 인류가 지닌 문제를 해결해왔고, 앞으로도 계속 해결해나갈 것이다."

캘빈 쿨리지 Calvin Coolidge, 미국의 제30대 대통령

할까 말까 망설이는 마음이 들 때는 하는 쪽을 택해야 한다. 뻔하고 단순한 이야기같이 들리겠지만, 우리는 흔히 집요한 보통 사람이 집요하지 못한 천재보다 더 큰 성공을 이룰 수 있다는 사실을 잊고 산다.

시간은 상처를 치유하는 약이기도 하지만, 성공으로 가는 길이기도 하다. 글을 잘 쓰는 재주를 타고났어도 한두 번 시도해보고 성공하지 못하면 포기해버리는 사람이 있는가 하면, 정식으로 글쓰기 훈련을 받거나 글솜씨를 타고나지 않았어도 꾸준히 글을 쓰

고 책을 내는 등 끈기 있게 버티다가 마침내 베스트셀러를 내는 작가들도 있다.

어학에 천부적인 소질이 없다 해도 집요하게 하루 열 단어씩 새로운 단어를 배우고 익히다 보면 1년에 무려 3650개의 단어를 마스터하게 되고, 이렇게 몇 년을 끈기 있게 노력하면 어학에 천부적인 소질을 타고난 게으른 천재보다 더 인상적인 어휘력을 발휘할 수 있게 된다.

목표를 세워두긴 했지만 고전 중인가? 지금 당장은 갈피를 잡지 못하고 헤매는 것 같아도 끈기 있고 집요하게 노력하다 보면 대개의 경우 목표 지점에 도달하게 된다. 결국 성공과 실패를 결정짓는 것은 집요한 끈기다.

강력한 행동

"강력한 행동 없이 비범한 능력, 명예, 혹은 성공을 얻을 수 없다."

데릭 시버스 Derek Sivers, 미국의 인터넷쇼핑몰 CEO

일단 목표를 정한 뒤에는 그 목표를 단 며칠 혹은 몇 주가 아니라 몇 달 혹은 몇 년, 심지어 몇 십 년을 두고 지속적인 노력으로 달성하겠다는 생각을 해야 한다.

그런데 때로는 평소의 나답지 않은 강력한 어떤 행동을 통해 예기치 못한 큰 수확을 거둬들일 수도 있다.

장기적인 목표를 정해두고 꾸준하게 정진하는 가운데 언제 어떤 식으로 평소와 다른 강력한 행동을 취해야 할지 결정하는 것은 간단한 문제가 아니다. 중요한 것은 꾸준한 노력에 방해되지 않는 한도 내에서 비교적 짧은 시간 동안만 평소와 다른 강력한 행동을 시도해보는 것이다.

긍정적인 휴식

"가끔은 일에서 벗어나 잠시 휴식을 취하라. 다시 일을 하러 돌아왔을 때 판단력이 더욱 맑아진다. 좀 더 멀리 벗어나라. 다시 돌아왔을 때 일이 더 수월해 보이고, 한눈에 더 많은 것이 보이며, 어느 것이 삐뚤어져 있는지 어느 것이 제대로 되어 있는지 더 잘 눈에 뜨인다."

레오나르도 다 빈치 Leonardo da Vinci, 르네상스 시대의 예술가, 과학자, 사상가

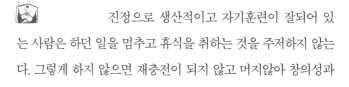 진정으로 생산적이고 자기훈련이 잘되어 있는 사람은 하던 일을 멈추고 휴식을 취하는 것을 주저하지 않는다. 그렇게 하지 않으면 재충전이 되지 않고 머지않아 창의성과 문제해결력이 저하된다는 것을 잘 알고 있기 때문이다.

가장 좋은 휴식은 주말 동안 잠시만이라도 여행을 하는 것이다. 일에서 완전히 벗어나 휴식을 취하고 나면 새로운 마음으로 더 큰 도전을 받아들일 힘이 생긴다.

몇 주 혹은 몇 달 동안 자신을 괴롭히는 고민거리가 있다면, 그 문제에 너무 밀착되어 집착한 탓에 숲을 보지 못하고 나무밖에 못 보았기 때문인 경우가 많다. 오래 버틸 수 있는 지구력과 최상의 생산력을 보장하는 가장 현명한 요령은 잠시 손을 놓고 여행을 떠나는 것과 같은 휴식시간이다.

절박한 마음

"챔피언은 체육관에서 만들어지는 것이 아니다. 챔피언을 만드는 것은 욕망, 꿈, 비전 등 마음속 깊은 곳에 있는 것들이다. 최후의 순간에 버텨낼 수 있는 끈기가 있어야 하며, 남보다 좀 더 빨라야 하고, 기술이 있어야 하며, 의지가 있어야 한다. 하지만 의지가 기술보다 더 강력해야 한다."

무하마드 알리 Muhammad Ali, 미국의 권투 챔피언

즉각적인 만족보다 장기적인 목표 달성에 초점을 맞출 때, 우리는 고통과 실패 가능성, 희생, 그리고 빈약한 보상에도 불구하고 눈앞의 만족이 아닌 먼 곳을 바라보며 꾸준한 노력을 계속해야만 하는 이유를 머릿속에 그려보아야 한다.

내가 원하는 미래의 내 모습을 구체적으로 상상하다 보면 결심은 더욱 굳어지고, 성공을 향해 가는 가운데 겪게 될 그 어떤 나약함이나 어려움도 극복하기가 수월해진다.

마음속으로 간절히 바라는 소망의 대상이 반드시 나 자신일 필요는 없다. 예를 들어 2013년 미국 오리건주에서는 십대의 자매

한나와 헤일리가 사고를 당해 트랙터 아래에 깔린 아버지를 구하기 위해 둘이서 1360kg이나 되는 트랙터를 들어 올려 큰 화제가 되기도 했다. 어떻게 의지력으로 이런 믿기 어려운 행동을 할 수 있는지 과학자들조차 제대로 설명하지 못한다.

다만 확실한 것은, 평상시 상황에서라면 한나와 헤일리는 절대 그처럼 육중한 트랙터를 들어 올릴 수 없었다는 것이다. 하지만 아버지를 구해야 한다는 절박한 심정이 초인간적인 힘을 발휘하게 한 것이다.

어떤 목표를 이루고자 하는 소망이 진실로 절박하다면 누구라도 초인적인 결과를 빚어낼 의지력을 발휘할 수 있음을 기억해야 한다.

올바른 동기 선택

"내게 성공이라는 것은 언제나 람보르기니를 가지는 것이었다. 막상 그것을 산 지금은 그냥 집 앞에 세워놓기만 할 뿐이다."

50센트 50Cent, 미국의 래퍼, 배우

람보르기니와 같은 외적인 보상은 결코 성공을 위한 동기로서 바람직하지 못하다. 자신이 소중하게 여기는 것이나 사람을 위해 극심한 고난을 견뎌내는 사람은 수도 없이 봤지만, 렉서스 자동차를 위해 목숨까지 바칠 각오를 하는 사람의 이야기는 들어본 적이 없다.

또한 물질적인 보상은 잠시 스쳐 가는 행복을 안겨줄 뿐이고, 득이 되기보다는 더 많은 문제를 가져다주는 경우가 흔하다. 성공을 위한 동기는 나에게 반드시 필요한 것, 없으면 내가 살 수 없다는 생각이 드는 것이어야지, 결국 아무도 관심 없어 할 자신의 신분 과시용 장난감 같은 것이 되어서는 안 된다.

새로운 목표를 정할 때마다 이를 위한 자기훈련의 동기를 외적인 보상에서 찾지 말고 '인간으로서의 성장', '독립성 키우기', '능력을 최대한 발휘하기' 등 보다 본질적인 가치에서 찾도록 하라. 이러한 동기에 '보다 나은 세상을 만들겠다'는 각오가 더해진다면 아무리 어려운 일에 부닥치더라도 꿋꿋하게 견뎌낼 수 있다.

경제적인 스트레스에서 벗어나기

"연구에 의하면 경제적인 스트레스는 우리의 인지 능력을 빼앗아 간다. 돈 나갈 일, 먹고사는 일, 그 외 다른 문제들로 시름하면 앞일을 생각하거나 자제력을 발휘할 능력은 감소된다. 그러므로, 빈곤은 무거운 정신적 부담을 지워주는 것이다."

니콜라스 크리스토프 Nicholas Kristof, 미국의 언론인

 모든 스트레스가 그렇지만 특히 돈 문제로 인한 스트레스는 의지력을 감소시킨다.

가난한 사람들은 유혹을 뿌리치기가 그만큼 더 힘들고 결국 악순환에 빠져 벗어나기가 어려워진다. 이들이 가난에서 헤어나지 못하는 건 돈 문제가 정신적인 스트레스를 주기 때문이다. 이러한 정신적 스트레스는 돈 문제뿐 아니라 건강, 인간관계, 심지어 앞날에 대해서까지 나쁜 결단을 내리도록 유도한다.

그렇다면 경제적인 문제로 시달리면 어려운 인생을 살 수밖에 없는 것일까?

반드시 그렇지는 않다. 자기 문제에 대한 책임을 지고 문제의

근원에 대해 잘 인식하면 환경을 극복하고 앞으로 나아갈 수 있다.

사람들은 돈으로 행복을 살 수 없다고 하지만, 최소한 몇 달 치 월급 정도만 저축이 되어 있어도 눈앞의 현실은 달라진다. 급전이 필요해서 피가 마르는 듯한 어려움을 겪을 것인지, 아니면 비교적 스트레스로부터 자유로운 삶을 살 것인지가 결정되는 것이다.

항상 돈 때문에 스트레스를 받는다면 빚에서 빠져나오고, 더 나아가 최소한 3~6개월 치의 기본 생활비를 저축하는 것을 가장 시급한 목표로 삼아보라. 그렇게 되면 스트레스를 크게 줄일 수 있을 뿐만 아니라 당장의 만족보다는 장래를 위해 보다 더 나은 선택을 할 능력도 기를 수 있다.

공짜의 덫

"대부분의 거래에는 득실이 존재하지만, 특히 '공짜'의 경우 사람들은 손실에 해당하는 부분을 쉽게 망각한다. '공짜'라는 말은 워낙 귀를 솔깃하게 하기 때문에, 사람들은 공짜로 주겠다는 그 대상물이 실제보다 훨씬 더 가치가 있는 것으로 인식한다. 왜냐하면 인간은 근본적으로 손실을 두려워하기 때문이다. '공짜'의 덫은 바로 이 두려움에 연결되어 있다."

댄 애리얼리 Dan Ariely, 경제학자, 듀크대학 교수

'공짜'라는 말은 최고로 잘 통하는 마케팅 수법이자 우리의 결심을 가장 흔들리게 하는 말이기도 하다.

앞으로는 공짜라는 말을 듣게 되면 정말 그것이 내게 필요한지 먼저 생각해보도록 하라. 돈을 주고 사야 한다면, 그래도 그것이 갖고 싶은가? 아니면 공짜라고 하니까 안 받으면 손해 보는 것 같아서 그러는 것일까?

특히 이 조언은 다이어트 중인데도 파티에 가면 차려놓은 음식을 공짜랍시고 마구 먹어대는 사람들이 새겨들을 만하다. 그 많은

음식을 먹었을 때 얻는 것은 무엇이고 잃는 것은 무엇인가?

식량난에 허덕이는 나라에서 살고 있지 않는 한 얻는 것은 단 한 가지, 안 먹으면 손해라는 걱정에서 헤어나는 것뿐이다. 잃는 것은 무엇일까? 지금까지 노력해온 보람, 꿈, 심지어 미래다. 거저 주는 스낵이 과연 그만한 가치가 있는가?

이 조언은 또한 돈관리를 좀 더 잘하고자 하는 사람들도 새겨들어야 할 것이다. 하나 사면 하나는 공짜라는 물건을 만났을 때 과연 그것이 공짜가 아니었다면 돈을 주고 사고 싶은 물건인지, 꼭 필요한 물건인지 생각해보라. 만약 그렇지 않다면 공짜라고 해서 자신에게 특별할 것은 그 무엇도 없다.

필요 없는 물건을 구매하지 않았을 때 잃는 것은 아무것도 없다. 하지만 필요 없는 물건을 구매했을 때는 돈, 집 안의 공간, 관리할 시간 등 많은 것을 잃게 된다.

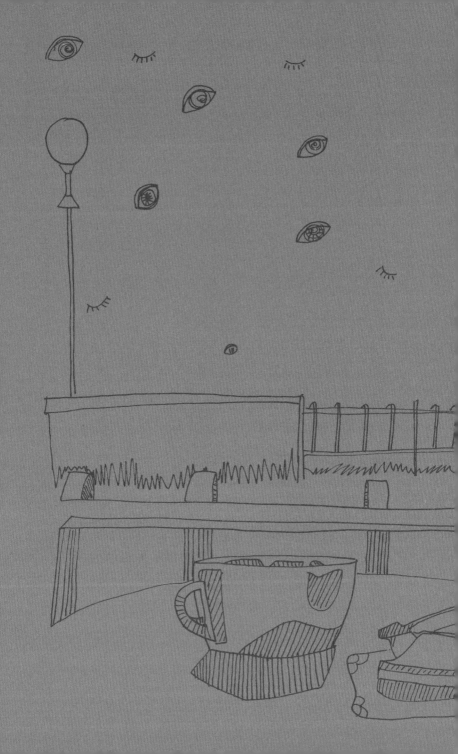

시간이 없다는 말은
일상적인 거짓말이다

……

3

지금 당장 시작하라

"그 누구도 '나는 절대 교향곡을 작곡할 수 없을 거야'라고 말하지 않는다. '나는 꼭 교향곡을 작곡하고 말 거야. 다만 오늘 말고 내일부터 시작하려고 작정하고 있을 뿐이야.'라고 말한다."

스티븐 프레스필드 Steven Pressfield, 영화〈300〉의 원작소설《불의 문》을 쓴 작가

오늘 당장 정해서 평생을 지켜야 할 원칙을 하나 꼽으라면, "내일부터 시작할 거야" 하는 생각이 들 때마다 하던 일을 모두 중지하고 지금 당장 그 행동을 실천하는 것이다.

무분별해도 상관없다거나, 어떠한 사전조사도 없이 달려들라는 말은 아니다. 그렇지만 자신의 결심에 관련된 일이라면 일단 시작하고 보아야 한다. 그렇게 할 때 목표에 조금이라도 더 가까이 다가갈 수 있다.

새로운 다이어트를 시도하기로 결심했다고 치자. 내일이 아닌 지금 당장 할 수 있는 것은 부엌에 있는 식품 목록을 점검하고 지금부터 먹지 말아야 할 음식은 따로 분리해서 눈과 손이 닿지 않는 곳으로 치우는 일이다.

저축하기로 결심했다고 하자. 그렇다면 다음 월급일이 될 때까지 기다리지 말고 오늘 당장 집 안에서 필요치 않은 물건이나 의류 등을 찾아내서 온라인으로 판매할 수 있다. 여기서 나오는 돈은 지금 당장 비상금으로 저축할 수 있다.

이처럼 단순하고도 실질적인 일을 마음먹은 즉시 실천하면, 다음 날 아침 눈을 떴을 때 "어제 내가 무슨 결심을 했더라?" 하며 기억조차 못 하는 난감함에서 벗어날 수 있다.

시간이 부족하다는 핑계

"'시간이 없어'라고 말하기보다 '그건 급선무가 아니야'라고 말하고 어떻게 되는지 두고 보라."

로라 밴더캠 Laura Vanderkam, 미국의 언론인, 시간관리 전문가

"시간이 없어"라는 말은 사람들이 일상적으로 하는 거짓말 중 하나다. 시간을 어떻게 쓸 것인지, 어느 일을 제쳐놓고 어느 일을 먼저 처리할 것인지는 자기가 결정을 하는 것이기 때문에 시간 부족은 사실 문제가 아니다.

당신의 사전에서 "시간이 없어"라는 말은 지워버리기를 권한다. 그 말은 워낙 아무렇게나 자주 사용되어 편리한 핑곗거리로 전락하고 만 말이다. 자기훈련이 잘된 사람이라면 그런 핑계를 써먹지 말아야 한다.

다음에 "시간이 없다"라는 말이 입 밖으로 나올 것 같으면, 그 말 대신에 "그건 내 급선무가 아니야"라고 말해보라. 그리고 그 의미를 생각해보라.

과거와는 다르게

"가장 훌륭한 미래 예측의 변수는 과거 행동이다."

필 맥그로 Phil McGraw, '닥터 필'이라 불리는 미국의 심리학자, 인생상담 프로그램 사회자

이런저런 조건을 달며 해야 할 일을 자꾸 미루고 있다면, 자신을 기만하는 그 행동을 지금 당장 멈춰야 한다. 과거의 행동을 보면 미래를 예측할 수 있다는 일반적인 통념은 바로 이런 경우를 두고 하는 말이다.

이 법칙이 항상 옳은 것은 아니다. 만약 이 법칙이 만고불변의 진리라면 누구도 자신을 변화시키지 못할 것이다. 하지만 뭔가를 하겠다고 마음먹고도 계속 어떤 조건이 이루어지기만을 기다리며 실행에 옮기기를 미루고 있다면, 이 법칙은 진리에 해당한다.

이 덫에서 빠져나올 구멍은 단 하나, 이런저런 조건이 구비되기를 기다리고 있는 자신을 발견하면 당장 그 조건 리스트를 찢어버리고 바로 행동에 돌입해버리는 것이다.

규칙을 정하라

"나는 영감이 떠오를 때만 글을 쓴다. 다행히도 그런 일은 매일 아침 9시면 반드시 일어난다."

윌리엄 포크너 William Faulkner, 미국의 작가, 1949년 노벨문학상 수상자

좋은 생각이 떠오를 때까지 기다리기만 한다면 목표 도달은 기대하기 어렵다. 자신이 뜻한 바를 향해 끊임없이 나아갈 수 있는 확실한 방법은 일정한 일과를 정해두고 억지로라도 좋은 생각을 떠올리는 것이다.

배가 고파지는 시간이 거의 일정해서 늘 같은 시간에 식사를 챙겨 먹는 사람들이 있다. 이런 이들은 하루 중 같은 시간에 식사를 하게끔 몸이 길들여져 있는 것이다.

즉흥적이고 기분 내키는 대로 몸을 움직이지 말고 일정한 일과를 정해서 이를 따르도록 노력해보라. 목표가 무엇이든 이처럼 정해진 일과를 따라 실천하다 보면 훨씬 더 많은 것을 얻게 된다.

예를 들어 늘 같은 시간에 운동하는 습관을 들이면, 그 시간에 운동할 준비가 되어 있도록 자신을 길들일 수 있다. 잠자리에서

일어나자마자 명상하는 습관을 들이면, 눈을 떴을 때 자동적으로 명상하고 싶은 의욕을 느끼도록 길들여진다. 매주 혹은 매달 수입의 일부를 따로 떼어 저축하다 보면, 어느덧 두 번 생각할 필요 없이 일정 금액을 비상금으로 저축하는 습관이 길러진다.

일정한 일과를 정해두고 철저히 따르는 것이 지루하게 느껴질지 모르지만, 그렇게 하여 원하던 목표에 도달하게 되었을 때 얼마나 큰 기쁨을 누리게 될지를 생각해보라. 아울러 이런 일과가 습관으로 굳어지면 보다 적은 힘과 시간을 들이고도 바라는 것을 성취할 수 있기 때문에, 남은 에너지와 시간은 다른 일에 쓸 수 있다는 이점도 있다.

더 간편한 방법을 이용하라

"영양학적으로 말해서 냉동된 야채는 싱싱한 야채에 뒤지지 않을 뿐만 아니라, 때로는 싱싱한 야채보다 더 나을 때가 있다. 냉동 야채는 수확한 직후에 바로 급속 냉동되기 때문이다(따라서 숙성과 영양소 파괴 과정을 거치지 않는다). 냉동 야채는 대체적으로 최적기에 수확된다는 이점도 있다."

로널드 B. 페그 Ronald B. Pegg. 미국 조지아대 교수, 견과류 영양학 전문가

야채를 더 많이 섭취하고자 한다면 좋은 팁이 있다. 냉동된 야채를 먹는 것이다. 영양학적으로 따지면 냉동 야채는 신선한 야채에 비해 영양가가 떨어지지 않을 뿐 아니라, 오히려 신선한 야채보다 더 나을 수도 있다고 한다.

식습관을 개선하려 할 때 맞닥뜨리는 가장 큰 문제 중 하나는 바로 신선한 야채를 준비하기가 귀찮거나 시간이 부족하다는 것이다. 이러한 변명은 냉동 야채 믹스를 사면 쉽게 해결된다. 냉동 야채를 사서 그대로 쪄서 먹거나, 좋은 허브나 향신료를 넣어서 같이 요리하면 된다. 이렇게 하면 야채를 다듬고, 썻고, 삶는 등의

번거로운 과정을 거칠 필요 없이 일일 권장량을 쉽게 섭취할 수 있다.

이 팁은 단지 냉동 야채에만 한정된 것이 아니다. 그 과정이 편리하면 할수록 긍정적인 습관을 기르고 몸에 배게 할 가능성이 높아진다.

만약 언젠가 어떤 과학자가 나타나 냉동되거나 통조림에 든 야채가 신선한 야채보다 못하다고 주장한다 해도, 신선한 야채를 섭취하는 과정이 너무 번거롭다면 냉동 야채나 통조림 야채라도 먹는 것이 전혀 먹지 않는 것보다는 훨씬 나을 것이다.

다른 목표도 마찬가지다. 재미있는 야외활동을 찾았지만 비용이 너무 많이 든다면 단순한 운동기구라도 사서 집에서 운동을 하는 것이 아예 운동을 하지 않는 것보다는 낫다.

미적거리기

"나는 무화과나무의 갈라진 자리에 앉아 배를 쫄쫄 굻고 있었다. 어느 무화과를 따 먹어야 될지 결정을 내리지 못했기 때문이다. 나무에 달린 무화과는 전부 탐이 났지만 하나를 고르면 다른 것을 포기해야 했다. 그렇게 결정을 내리지 못하고 미적거리는 사이 무화과는 시들고 검게 변하더니 하나씩 둘씩 내 발 아래 땅으로 떨어져 터지고 말았다."

실비아 플라스 Sylvia Plath, 미국의 시인

결정을 내리지 않는 것도 하나의 결정이긴 하지만, 그것은 최악의 결정이다. 여러 가지 선택을 두고 미적거리는 사이, 어떤 행동이라도 실천하고 자신의 선택이 옳은지 그른지 알아낼 수 있는 시간을 낭비하게 된다.

사람들은 결정을 내리지 않기로 결정을 하거나, 혹은 결정을 미루기로 결정을 한다. 뭔가 잃게 되지 않을까 하는 두려움 때문이다. 어느 한 가지를 선택한다는 것은 다른 것을 포기한다는 뜻이다. 하지만 이것도 저것도 선택하지 않는다는 것은 둘 다 포기하는 것이다.

결정을 미루면 아직 선택의 자유가 있는 것 같은 착각이 들기 때문에 사람들은 결정을 망설이곤 한다. 물론 선택의 자유가 남아 있는 것은 사실이다. 그렇지만 선택을 한 뒤 실천에 옮기는 것은 더 큰 자유를 가져다준다. 왜냐하면 관성에서 벗어나게 해주고, 자신이 하고자 하는 일에 보다 가까이 다가가게 해주기 때문이다.

어떤 목표를 정하고 거기에 뛰어들 것인지 망설이고 있다면, 적은 노력으로라도 시작할 수 있는 길을 찾도록 하라. 무작정 시간을 끌고 기다리기만 한다고 더 좋은 생각이 떠오르지 않는다. 하지만 일단 일을 저지르고 나면 헤아릴 수 없는 큰 지식과 경험을 얻게 된다.

감정의 노예

"사람들은 자신의 감정에 지나치게 의존한다. '난 너무 화가 났어. 어쩔 수 없었어.' 하고 말이다."

마크 맨슨 Mark Manson, 미국 출신의 작가이자 블로거, 《신경 끄기의 기술》 저자

 "너무 피곤해서 운동을 하지 못했어."

하지만 과연 너무 피곤해서 시도도 해볼 수 없었던 것일까? 약간 피곤한 걸 핑계 삼아 운동을 건너뛴 것은 아닐까?

"너무 화가 나서 그녀에게 소리를 지르고 말았어."

화가 났다는 것은 분풀이의 핑계가 아니었을까? 소리 지르고 싶은 충동을 억제하려고 애쓰는 것보다 소리를 질러버리는 것이 더 속이 후련해서가 아니었을까?

"너무 부러워서 나도 그걸 사지 않을 수가 없었어."

부러울 때마다 불필요한 물건을 사서 자신의 감정을 달래는 것인가? 아니면 저축을 하지 못하는 자신을 변호하기 위한 적당한 핑곗거리로 삼고 있는 것인가?

감정에 지나치게 의존한다는 생각이 들 때마다 생각해보라. 우

리는 얼마나 자신의 감정을 자기훈련에 실패하는 핑곗거리로 삼고 있는지. 감정이 행동을 지배하도록 하는 것은 자기훈련에 실패하는 확실한 지름길이다.

자기존중

"인간이 하는 거의 모든 행동은 어찌 보면 자기 자신을 어떻게 생각하고 있는지를 보여주고 있는 것이라고 할 수 있다."

고든 리빙스턴 Gordon Livingston, 정신과 의사이자 심리치료사

건강에 좋지 않은 음식과 음료를 마구 섭취하는 사람들을 보자. 과연 이들은 자신의 육신을 존중하고 있는 것일까? 단 하나뿐인 자신의 몸을 별로 가치롭게 생각하고 있지 않다고 스스로 표현하고 있는 것이 아닐까?

인터넷에서 꾸준히 악플 달기에 열중하는 사람들을 보자. 그들은 과연 사람들 앞에 서게 되었을 때에도 같은 방식으로 말을 할 수 있을까?

돈 한 푼 저축할 생각 없이 돈을 빌려서라도 쇼핑을 하는 사람들을 보자. 살다 보면 예상치 못한 급한 상황이 발생하고, 그럴 때 저축해둔 돈이 없으면 얼마나 쩔쩔매게 될지 알면서도 이런 행동을 한다면, 자신의 삶을 제대로 존중해주고 있는 것일까?

자신의 행동을 곰곰이 생각해보라. 그 행동은 과연 무엇을 보

여주고 있는가?

　내가 나 자신을 제대로 대접하고 존중하고 있는지, 내가 아끼는 친구에게라면 결코 하지 않을 행동을 나 자신에게 하고 있는 건 아닌지, 반성해보길 바란다.

성공의 파급효과

"성공은 다른 영역으로 파급효과를 낸다는 것을 나는 알게 되었다. 이 효과를 잘 이용하면 연습 말고 다른 것은 아무것도 필요하지 않은 다른 분야에서도 더 잘할 수 있게 된다. 취미나 스포츠와 같이 별로 중요하지 않은 몇 가지를 더 잘하게 되면 보다 중요한 분야에서도 그 성공하는 습관이 남아 있게 된다."

스콧 애덤스 Scott Adams, 만화 《딜버트》의 작가

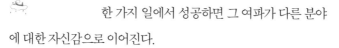한 가지 일에서 성공하면 그 여파가 다른 분야에 대한 자신감으로 이어진다.

예를 들어 성공적으로 운동하는 습관을 들이고 나면 체중조절이나 근육강화는 물론 지금까지 엄두를 내지 못했던 다른 일에도 보다 큰 자신감을 갖고 도전해볼 용기가 생긴다.

만약 성공할 자신이 없어서 해야 할 일을 하지 못하고 있다면 스콧 애덤스의 조언대로 실천만 하면 잘하게 되는 사소한 일을 먼저 시작해보라. 몇 달을 실천하다 보면 그 과정 속에서 다른 도전도 받아들이고 이겨낼 수 있는 힘이 자신 안에 있음을 느끼게

될 것이다.

　또한 한 가지 목표를 세우고 열심히 노력할 때마다 성공에 필요한 올바른 습관과 태도도 길러진다. 바둑이든, 춤이든, 외국어든, 정원 가꾸기든, 그 분야에 대해 아무것도 모르는 초보에서 실력자로 성장하는 과정에서 자기 자신을 완전히 탈바꿈시킬 수 있다.

오랜 습관과 새로운 습관

"새 노래, 새 음식, 새 보금자리 등 뭔가를 판매할 때 두루두루 통하는 한 가지 법칙이 있다. 즉 오랜 습관에 새 옷을 입히면 사람들이 그것을 더 쉽게 받아들인다는 것이다."

찰스 두히그 Charles Duhigg, 뉴욕타임스 기자, 《습관의 힘》 저자

지금까지의 나쁜 습관을 좀 더 수월하게 고치는 방법은, 그 나쁜 습관과 유사한 새롭고 긍정적인 습관을 들이는 것이다.

예를 들어 감자튀김을 아주 좋아하지만 새로 시작하는 다이어트 때문에 먹지 못하게 될 경우, 감자 자체를 완전히 포기하는 대신 보다 건강한 방식으로 요리한 감자로 대신한다. 이렇게 할 수 있으면 대단한 의지력을 발휘하지 않아도 다이어트에 도움이 될 뿐 아니라 긍정적인 추진력도 얻을 수 있다.

예전의 나쁜 습관을 새로운 변화에 맞춰 긍정적으로 대체할 수 있는 방법을 찾아보라. 그렇게 하면 앞으로의 인생에 쭉 가져갈 일상적 활동으로 보다 쉽게 자리 잡을 것이다.

유혹과의 투쟁

"궁극적인 성공은 모든 전투에서 승리하는 것이 아니라, 전혀 싸우지 않고 적을 이기는 것이다."

손자 Sun Tzu, 중국의 고대 철학자

자기훈련이란 유혹과의 끊임없는 전투라고 믿고 있는 사람들이 있다. 오늘은 와인 한잔을 마시고 싶은 유혹과 투쟁하고, 내일은 빈둥거리고 싶은 유혹과 투쟁하고, 그다음 날에는 야채 대신 피자를 먹고 싶은 식탐과 투쟁한다. 그러는 사이 여기저기서 크고 작은 국지전이 벌어지고, 그때마다 각기 다른 방향에서 공격을 당한다.

현실적으로 생각하면, 이런 식으로 자기훈련을 하다 보면 장기적으로 성공할 확률은 낮아진다. 궁극적인 목표는 유혹과 투쟁할 일이 없도록 생활 패턴을 만드는 것이다.

이겨내기 힘겨운 유혹일수록 그 유혹과 맞대항하는 일이 없도록 피하는 것도 한 방법이다. 패스트푸드에 대한 유혹을 이기고 싶다면 패스트푸드점 근처에 아예 가지 않는 것이 그 예가 될 수 있다.

어두운 곳에 빛을 비춰라

"체력을 단련하고 향상시키기 위해 억지로라도 꾸준히 체육관을 찾고 역기를 드는 것처럼 정신적, 감정적, 영적 능력을 향상시키기 위해서는 외면하고 싶은 자신의 모습에 끊임없이 빛을 비추어야 한다."

짐 로허 Jim Loehr, 스포츠심리학자, 《몸과 영혼의 에너지 발전소》 공동저자

자신의 결점이나 실수, 실패 등에 대해 생각하기를 즐기는 사람도 없고, 그걸 남 앞에 드러내 보이고 싶어 하는 사람도 없다. 우리는 자신의 성공이나 잘난 부분을 드러내고 그에 대해 이야기하는 것을 더 좋아한다.

물론 자기 자신의 부끄럽고 숨기고 싶은 모습에 지나친 관심을 기울이는 것이 성공에 큰 도움이 되지는 않을 것이다. 그렇지만 자신의 약점과 어두운 모습에 가끔은 빛을 비추어 보아야만 그러한 것들을 극복할 수 있다. 이러한 모습을 어두운 곳에 감추어두고 마치 걱정할 일이 하나도 없는 것처럼 굴면 당장은 마음이 편할지 몰라도 이를 극복할 수 있는 기회는 찾을 수 없다.

지금 당장 자신의 숨기고 싶은 모습에 대해 단 몇 분간이라도

생각해보라. 늘 외면하기만 하고 받아들이지 않았던 결점과 약점에 대해 되돌아보라.

쓴소리를 잘 받아들이는 편이라면 친구들에게 자신의 가장 큰 약점이 무엇인지 한번 물어보라. 그리고 그것을 고치고 극복하기 위해 노력하라.

냉수요법

"아침에 일어나면 제일 먼저 냉수 샤워를 하라. 일어나자마자 샤워실로 뛰어들어라. 눈을 질끈 감고 찬물을 틀어라. 그냥 차가운 정도도 아니고, 얼음물처럼 차가운 것도 아니고, 마치 '펭귄이 헤엄치기를 거부해서 파이프로 송수해 온 북극해의 물' 정도로 차가워야 한다. 이것을 30일 동안 줄곧 반복하라. 나는 이것을 '냉수요법'이라고 말한다. 왜냐하면 말 그대로 이것이 '요법'이기 때문이다."

조엘 러니언 Joel Runyon, 건강관리 분야 사업가, 파워 블로거

냉수요법은 무엇보다 자기통제력을 향상시키는 효과가 있다. 자기 자신의 통제력을 시험해보는 것이다.

냉수요법을 통해 유혹을 뿌리치는 방법과 자신을 통제하는 능력이 어떤 식으로 작용하는지 발견할 수 있다.

이와 유사한 자신의 한계 극복 시험을 해보도록 하라. 반드시 한 달이나 두 달 계속 반복할 필요는 없다. 단 몇 번의 냉수 목욕만으로도 자기통제력을 향상시키는 데 도움이 되는 교훈을 얻을 수 있다.

극소수의 사람만이 해낼 수 있는 고통스러운 이 시험에 자신을 내던져 보라. 시험에 도전한 그 자체만으로도 큰 성취감을 얻을 수 있을 것이다.

일상 속에서의 연습

"나는 그동안 연습이라고 하면 음악, 무용, 미술과 같은 예술 작업에만 해당되는 것으로 오해해왔다. 칭얼대는 자식, 과중한 업무, 혹은 빠듯한 살림살이 등 일상의 활동도 음악을 배울 때와 똑같은 학습원리의 적용을 받는다는 것을 깨닫지 못했다."

토머스 스터너 Thomas Sterner, 피아노 조율 및 수리 전문가

일상생활에서 겪는 짜증스런 일을 받아들이는 태도는 두 가지로 나눌 수 있다. 한 가지는 그것을 귀찮게 받아들이는 것이다. 다른 하나는 그것을 의지력을 배양하기 위한 연습 기회로 삼는 것이다.

예를 들어 낯선 사람이 어깨를 부딪치고도 사과를 하지 않았을 때, 그에게 좋은 하루가 되라고 말해줌으로써 자신의 통제력을 연습할 수 있다. 아이가 제멋대로 굴고 말을 듣지 않는다면 정신력을 키우기 위한 연습으로 삼을 수 있다.

할 일이 태산같이 쌓였는데 자동차가 고장 나고 예상치 않게 돈 나갈 일이 생기는 등 힘든 일이 한꺼번에 쏟아질 때, 하루 24시

간 하나의 몸으로는 감당할 수 없다고 느껴질 때, 이럴 때는 자신의 생산성을 향상시키는 도전적 연습이라고 받아들이고 하나하나 제시간에 맞춰 해결해나가 보자.

　이처럼 일상생활에서 겪는 문젯거리들을 모두 자신을 성장시키기 위한 수단으로 받아들이면 매일매일 살아가는 동안 정신적인 저항력과 자기훈련을 동시에 향상시킬 수 있다.

충동성의 포로

"농부는 계란을 가지러 닭장으로 가다가 펌프가 새고 있는 것을 발견하고 걸음을 멈췄다. 펌프에 필요한 새 와셔를 찾으러 헛간으로 가다가 짚단 더미가 흐트러져 있는 것을 보고는 쇠스랑을 가지러 갔다. 쇠스랑 옆에 나란히 걸려 있는 빗자루의 손잡이가 부러져 있는 것을 보고 농부는 생각했다. '다음에 읍내 나갈 일이 있으면 빗자루 손잡이를 하나 사야겠군.' 이러는 동안 농부는 계란은 물론이고 계획했던 모든 일을 하지 못하게 될 것이다. 그는 분명 즉흥적이고 충동적인 사람이지만, 절대 자유로운 사람은 아니다. 고삐 풀린 충동성에 포로로 잡혀 있는 몸이라고밖에 할 수 없다. 사실상 절제력은 바로 자유로 가는 길이다. 충동을 이해하려면 이 사실을 반드시 알아야 한다."

존 게스트 John Guest, 파이프 제조업체 존 게스트의 창립인

사람들은 즉흥적이라고 하면 대부분 긍정적이고 재미있는 것으로 인식한다. 무작정 떠나는 여행, 빗속에서 추는 춤, 누군가의 초대에 선뜻 응하는 것 등이 대개 즉흥적인 행동에 해당한다.

즉흥성을 충동성과 구분할 수 있다면 그것은 긍정적인 것이 될 수도 있다. 하지만 깊은 생각 없이 즉흥적으로 행동을 할 때 과연 그것이 절제력 부족에서 비롯된 무계획적인 행동은 아닌지, 또 즉흥성으로 인해 자신의 결심에 반하는 행동을 하게 되는 것은 아닌지 따져볼 필요가 있다.

매사에 절제력을 가지고 행동하다 보면 재미없는 사람이 되지 않겠느냐는 염려가 든다면, 때로는 예외를 둘 수도 있음을 기억하라. 다만 주변의 압력에 의해 즉흥적인 행동을 하는 일이 없도록 조심하는 것이 중요하다.

10분간의 유보

"보다 냉철하고 현명한 두뇌를 원한다면 유혹이 있을 때마다 반드시 10분간 뜸 들이는 시간을 두도록 하라."

켈리 맥고니걸 Kelly McGonigal, 스탠퍼드대학교 심리학 교수, 《스트레스의 힘》 저자

어떤 유혹이 있을 때마다 "10분 후에 해야지" 하고 스스로 브레이크를 걸면, 그 10분 동안 그것을 하고 싶은 마음을 다스릴 수 있다. 어떤 유혹이라도 단 10분 정도는 기다릴 수 있기 때문이다. 10분이 지나고 나면 하고 싶었던 것을 잊어버리거나, 최소한 그 욕망을 통제할 수 있을 정도로 욕망의 강도가 줄어들기 마련이다.

만약 10분이 지나도 소용이 없다면 또다시 "10분 후에 해야지" 하고 스스로를 다잡는다. 이렇게 반복하다 보면 웬만한 욕망은 이겨낼 수 있다.

만약 견디기 어려울 정도로 뭔가 하고 싶은 것이 있다면, 10분 동안 시계를 맞춰두고 시간이 가는 것을 가만히 지켜보라. 결국 그것을 하고야 말게 되더라도, 최소한 그 10분 동안 자신의 통제력을 훈련하는 효과를 얻을 수 있다.

독서

"책은 가장 조용하고 가장 변함없는 친구다. 책은 늘 가까이 있는 가장 현명한 조언자이자, 가장 인내심이 많은 스승이다."

찰스 윌리엄 엘리엇 Charles William Eliot, 하버드대학 총장을 지낸 미국의 학자

자기훈련, 정신력 기르기, 성공적인 재테크 등 우리가 원하는 장기적인 목표를 달성하는 데 서적만큼 쉽게 구할 수 있는 조언자는 없다.

이미 원하는 분야에서 성취를 이룬 각계각층의 리더들이 자기 경험을 바탕으로 조언을 해주는 책이라면 더더욱 큰 도움이 될 것이다.

문제해결력

"노동의 즐거움, 자신의 손으로 무언가 빼어난 것을 만들어내는 기쁨, 삶의 기본적인 것들과 보다 가까이하고 세상에 뭔가 보탬이 되는 사람이라는 인식에서 오는 그 행복을 깨닫도록 하라."

어니스트 시튼 Ernest Seton, 미국의 동물문학 작가

현대사회에서는 자기 혼자서 모든 걸 해결할 수 있는 자급자족형 인간이 거의 없다. 모두 자신이 가장 잘하는 한 분야의 일을 하고, 그 외에 나머지 필요한 것과 욕망은 모두 다른 사람들에게 의존한다.

노동 분배는 인류에게 풍요를 가져다주었지만, 한편으로는 인간을 게으르게 만들었다. 뭐든 원하는 것이 있으면 손쉽게 구매할 수 있고, 문 앞으로 즉각 배달된다. 정원이 있으면 정원사를 고용해 가꾸고, 집은 청소부를 고용해 청소한다. 싱크대가 고장 나면 수리공을 부른다.

사실상 이렇게 남에게 의지해서 사는 것이 크게 잘못됐다고 볼 수는 없다. 어쩌면 현명한 행동이기도 하다. 기꺼이 내 문제를 해결해줄 사람이 있는데 굳이 스스로 모든 것을 배워서 하느라 아까

운 시간을 쓸 필요는 없기 때문이다.

하지만 문제가 생길 때마다 그것을 해결해줄 사람을 부르는 것이 습관화되면 문제해결력을 기를 여지가 없어진다. 자신이 하고 있는 일에서 문제가 발생했는데 스스로 이를 해결해야만 할 때, 그때는 어떻게 할 것인가?

어려운 문제와 정면 대결해 버릇하면 그 일들을 스스로 해결할 수 있는 새로운 기술과 능력을 배울 수도 있다. 문제에 부딪힐 때마다 스스로 해결하기를 포기함으로써 그 무수한 기회를 놓치고 있는 것은 아닌가?

결국 자기 힘으로 문제를 해결하는 자세는 돈을 절약해줄 뿐 아니라 개인의 성장에도 도움이 된다. 그것이 땀 흘려 노동하는 주된 보람이기도 하다.

가시처럼 자라나는 부정적인 생각

"유머감각은 육신과 정신을 위한 청량제이며, 우울함과 초조함에 가장 잘 듣는 해독제이다. 유머감각은 사업 자산이다. 또한 친구를 끌어들이고 우정을 지켜준다. 삶의 무게를 가볍게 해준다. 유머감각은 평온함과 자족으로 가는 직통 코스다."

그렌빌 클레이저 Grenville Kleiser, 미국의 작가

모든 것을 너무 심각하게 받아들이면 우울증과 초조함에 시달리게 된다. 숨 돌릴 겨를 없이 연달아 어려운 일에 부닥칠 경우에는 더더욱 그러하다. 아무리 긍정적인 사고방식을 가졌다고 해도 부정적인 생각이 들지 않을 수 없다.

하지만 잡초나 가시처럼 돋아나는 부정적인 생각을 자꾸 커가도록 키울 것인가, 아니면 뿌리째 뽑아버릴 것인가는 전적으로 나 자신에게 달렸다.

누구라도 희망이라고는 찾아볼 수 없는 상황에 처해 자신의 정신력이 시험대에 오르는 경우를 당할 수 있다. 이처럼 모든 것이 부정적이기만 할 때 어떻게 긍정적인 태도를 유지할 수 있을까?

좀 더 상황이 나아지게 할 수 있는 방법이 없을까?

　이럴 때는 조그만 것이라도 기분을 전환시켜줄 수 있는 일을 찾아내어 해보는 것이 최선의 방책이 될 수 있다.

이미 갖고 있는 것을 소중하게

"항상 뭔가 더 많은 것을 갖고 싶어 하는 성향을 다스리는 좋은 방법은
내가 이미 갖고 있는 것을 원하도록 자신을 길들이는 것이다."

윌리엄 B. 어빈 William B. Irvine, 라이트주립대학교 철학교수

다이어트의 한 방법으로 하루 16시간 혹은
20시간, 길게는 40시간을 금식하는 사람들이 있다. 이렇게 하면
후각이나 미각이 평소보다 예민해져서 귀하게 여기지 않던 음식
들에 대해서도 간절함이 생긴다.

사과 한 개도 그 맛이 천하의 진미처럼 느껴지고, 그것으로 충
분히 만족할 수 있다. 따라서 사과로 만든 파이나 캐러멜을 입힌
사과, 소스를 잔뜩 뿌린 사과 팬케이크 등이 필요 없어진다.

지금 내가 소유한 것들이 모두 없다고 가정하고 한동안 지내보
면 그에 대한 간절함이 더욱 커진다. 집, 자동차, 옷, 가족, 배우자,
편안한 침대, 따뜻한 물이 나오는 샤워실, 건강 등이 나에게 없다
고 생각해보라. 이들은 지금 내게 있지만 언제라도 사라질 수 있
는 것들이다. 그것을 잃을지도 모를 위기에 처하게 되면 그 어느

때보다도 더 간절히 지키고 원하게 될 것이다.

더 많은 것을 원하고 불필요한 것을 소유하려 했던 습관을 버리고, 지금 있는 것을 원하고 소중하게 지키려고 하는 마음을 갖도록 하라.

필요한 게으름

"머리는 좋은데 게으름을 피울 줄 모른다면 좀 게을러지도록 노력하라. 다만 할 수 있다는 이유만으로 이것저것 덤벼들어 하다 보면 효율성이 떨어진다. 놀라운 결과를 낼 수 있는 아주 중요한 것에만 집중하도록 하라. 큰 혜택이 돌아오는 극소수의 일에만 매달려라."

리처드 코치 Richard Koch, 경영 컨설턴트, 《80/20 법칙》의 저자

　　　　　　　이율배반적으로 들릴지 몰라도 자기훈련이 잘 된 사람 중에는 게으름을 좀 피울 줄 알아야 다음 단계로 발전할 수 있는 경우가 있다.

어려운 일을 해내는 데 자기단련이 요구되는 것과 마찬가지로, 불필요한 일을 하고자 하는 유혹을 뿌리치는 것도 자기단련이 요구되는 일이다. 부지런히 설치는 것은 실천력을 발휘하게 하는 에너지가 될 수는 있지만, 단지 뭔가를 해야 마음이 놓여서 아무 생각 없이 이 일 저 일 벌여 하다 보면 다른 분야에 쓸 수 있는 잠재력과 재원을 낭비하는 셈이 된다.

수시로 점검해서 인생에 별 도움이 되지 않는 일에 시간과 노력을 허비하고 있는 것은 아닌지 살펴봐야 한다.

다양한 정체성

"여러 분야에서 자신의 정체성을 찾는 사람은 어느 한 분야에서 실패해도 이를 보다 탄력적으로 받아들일 수 있다. 예를 들어 프로 테니스 선수가 경기에서 지면 테니스 외에도 여러 가지 레저 활동을 즐기는 아마추어 테니스 선수가 졌을 때보다 더 마음 상해한다."

닐 피오레 Neil Fiore, 자기계발 트레이너

기업가, 작가, 피아니스트 등 자신의 정체성을 단 한 가지 역할에 국한시켜 규정하게 되면 그 일에서 얼마나 성과를 내느냐에 따라 자긍심이 크게 좌지우지된다.

만약 그 분야에서 실패하게 되면 이를 효과적으로 잘 받아들여 처리하기가 힘들어진다.

그러므로 자신의 정체성을 여러 가지 역할에 따라 규정하는 것이 좋다. 그렇게 하면 한 분야에서 실패하더라도 다른 분야에서 잘할 수 있다는 희망을 가질 수 있고, 그 분야에서의 실패를 극복하기도 수월해진다.

내 갑옷의 가장 취약한 부분

"사람은 사소한 일에서 자기통제력을 행사할 수 있어야 큰 일에서도 자기통제력을 발휘할 수 있다. 자신의 갑옷에서 취약한 부분이 어디인지, 자기 내면의 어떤 모습이 완전한 성공을 이루는 것을 방해하고 있는지 발견하기 위해서 자기 자신을 연구해야 한다. 자신의 이런 특징을 바탕으로 자기통제력 훈련을 쌓아야 한다. 그 취약함이란 이기심일 수도 있고 혹은 허영심, 비겁함, 병적인 정신상태, 급한 성미, 나태, 근심 걱정, 산만함, 목적상실일 수도 있다. 인간의 약점이 어떤 가면을 쓰고 있든, 그것이 무엇인지 발견해야만 한다."

윌리엄 조지 조던 William George Jordan, 미국의 작가

자신의 갑옷을 점검하여 가장 취약한 부분이 어디인지, 목표를 이루는 데 가장 큰 장애물이 되는 것이 무엇인지 찾아보도록 하라.

예를 들어 성미가 급한 것이 취약점이라고 해보자. 성미가 급한 사람은 가능한 한 빨리 결과를 보기 위해 자신의 모든 것을 올인해서 일을 추진한다. 따라서 이것은 장점일 때도 있지만, 때로

는 목표 도달에 장애물이 되기도 한다. 빠른 결과를 내기 위해 전력을 다 쏟다 보면 원하는 결과를 얻기 전에 에너지를 소진해버릴 수 있기 때문이다.

만약 그렇다면 새로운 목표에 집중하기보다 지속가능성에 더 초점을 맞추도록 하라. 이런 이들은 실패 확률이 높은 지름길을 택하기보다 부작용이 덜한 먼 길을 택하는 것이 나을 수도 있다.

나의 취약점은 무엇인가? 그것이 목표 도달을 어떻게 방해하는가? 그것을 어떻게 고칠 수 있는가? 스스로 자문하고 답을 찾아보는 시간을 갖도록 하라.

복잡하고 값비싼 코치

"다이어트와 운동 산업에서 큰돈을 벌어들이려면 새겨둘 금언이 있다.
바로 문제를 복잡해 보이도록 하라는 것이다."

팀 페리스 Tim Ferriss, 《나는 4시간만 일한다》의 저자

체중관리와 몸매관리에 관련된 회사들은 운동
이나 다이어트가 아주 복잡한 일인 것처럼 사람들을 설득함으로
써 막대한 돈을 벌어들인다.

이는 재산관리와 비슷하다. 이익구조가 복잡해 보일수록 사람
들은 직접투자를 결정하기보다 전문가를 고용하는 편이 낫겠다
는 생각을 갖게 된다. 결국 전문가의 도움 없이는 성공할 수 없다
는 확신 때문에 많은 사람들이 아예 시작조차 하지 못한다.

재테크와 마찬가지로 체중관리 분야에서도 전문가의 도움은
꽤 비싼 편이다. 이것이 운동을 시작하지 않는 좋은 핑곗거리가
되기도 한다.

아울러 세계적으로 권위 있는 전문가가 기적 같은 요법을 개발
해냈다고 하면 귀가 솔깃해지기도 한다.

그런데 실제로는 대부분의 일들이 생각보다 단순하다. 몸매관리를 위해 많은 돈을 써가며 굳이 에어로빅 강좌에 가입할 필요는 없다. 체중을 줄이기 위해 유명한 의사가 식단을 짜서 집까지 음식을 배달해주는 특별한 서비스를 구매해야 할 필요도 없다.

내 인생에 변화를 주고 싶어 이리저리 둘러봐도 뭐든 복잡하고 어렵게 보이는 회사들뿐이라면, 잠시 뒤로 물러서서 기본적인 것들을 곰곰이 짚어보라. 상업적인 피트니스센터가 등장하기 전에도 사람들은 건강하고 아름다운 몸매를 갖고 있었다. 온라인 전문가 없이도 사람들은 성공적으로 사업을 했고, 서점마다 다이어트 전문서적이 꽉 들어차기 전에도 건강식을 먹는 일은 가능했다.

모든 것이 복잡하고 어려워 보이는 회사들을 핑계 삼아 자신을 변화시키기 위한 노력을 미뤄서는 안 된다. 기본에 대해 스스로 공부하고 결론을 내려야 한다. 내 인생을 바꾸는 데는 값비싼 코치가 필요치 않다.

구체적인 실수

"골프 전문가는 퍼터로 친 공이 홀에 들어가지 않았을 때 '내 골프 실력이 형편없어'라고 말하지 않는다. 대신 '목표를 잘못 잡았어'라고 말한다."

존 엘리엇 John Eliot, 심리학자, 인지신경학의 권위자

실수를 했다고 해서 자신이 형편없는 사람인 것처럼 자책하는 것은 자기 자신에게 공정하지 못한 처사일 뿐 아니라 앞으로 더 나아질 수 있는 기회를 놓치는 태도이기도 하다.

여기서 더 이상 나아질 게 없다고 여기는 사람은 그 무엇도 제대로 배울 수 없다. 자신이 한 행동이 아니라 자기 자신을 책망하는 것이 바로 그런 경우다.

테니스를 배우는 학생들에게 강사가 "너희들은 형편없어"라고 질책한다고 해보자. 이런 식의 훈육은 학생들의 사기를 꺾는 것 외에 무엇을 가져다줄 수 있는가? 가장 효과적인 훈육 방식은 사람을 비난하는 것이 아니라 그 일에 관련된 구체적인 피드백을 주는 것이다.

위에서 얘기한 골프 전문가처럼, 자기 자신을 나무라는 대신 원하는 결과를 내지 못한 구체적이고도 실질적인 실수에 주목하는 것이 더 좋은 방법이다.

융통성 있는 계획

"일일 계획표가 가지는 또 다른 단점은 유연성이 부족하다는 것이다. 그 계획을 따르는 동안 선택의 여지를 앗아 가기 때문에 경직되고 빠듯한 일과에 꼼짝없이 붙들려 있다는 느낌이 들게 한다. 삶은 철저히 계획에 따라 이루어지는 것이 아니기 때문에 행여 예기치 못한 일로 스케줄이 조금이라도 어긋나면 그 계획표를 준수하고자 하는 의욕을 금방 상실하기 쉽다. 반면 월별 계획표는 조정이 가능하다. 하루 지연되는 일이 있더라도 월별 계획에는 차질이 생기지 않는다."

로이 바우마이스터 Roy Baumeister, 플로리다주립대학 심리학 교수

사람 사는 일은 철저하게 계획대로만 이루어지는 것이 아니기 때문에 종종 예상치 못했던 차질이 생길 수밖에 없다. 목표를 이루기 위한 계획표를 짤 때는 이런 점을 감안해서 반드시 어느 정도의 융통성을 반영하는 것이 좋다. 하루 정도 계획에 차질이 생기더라도 전체 과정에 영향을 미치지 않도록 하기 위해서다.

매일 지켜야 할 분량을 정해두었는데 하루쯤 실천하지 못했다

고 해서 금방 실패라고 단정 짓지는 말라. 의욕을 잃고 포기하기보다는 그다음 며칠 동안 조금 더 노력해서 빠진 부분을 충분히 보충하며 전체적인 계획을 그대로 밀고 나가야 한다.

'안 한다'와 '못 한다'의 차이

"'안 한다'는 '선택'을 표시하는 말이라서 자신의 권한을 강화시켜준다. 이는 자신의 결심과 의지력을 확인시켜주는 말이다. '못 한다'는 말은 선택이 아니라 자기 스스로에게 부여하는 '제한'이다. 그러므로 '못 한다'는 말은 자신의 권한과 주체성을 깎아내리는 말이다."

하이디 그랜트 할버슨 Heidi Grant Halvorson, 미국의 사회심리학자

이제부터는 포기하지 않겠다는 마음을 먹을 때도 "포기 못 해"라는 말을 하지 않도록 주의하라. '못 한다'와 같이 제한적인 성격을 띠는 말을 쓰면 어쩔 수 없이 '불만스러운 마음'이 들게 되고, 자신이 목표하는 바에 대해서도 단기적인 해결책으로밖에 받아들이지 못하게 된다. 하지만 "포기하지 않아"라는 선택적인 성격의 말을 쓰면, 자신이 목표하는 바를 영구적으로 스스로를 변화시키기 위한 해결책으로 받아들일 수 있다.

보다 나은 자신을 실현하는 과정에서 "난 못 해" 하는 생각이 들 때마다 의식적으로 "난 안 해" 혹은 "난 안 하기를 선택했어"라는 말로 자신의 권한을 강화시켜주도록 하라. 비록 사소한 것이지만 자신의 변화가 영구적인 해결책이 되도록 할 것인지, 아니면 일회성으로 끝날 해결책이 되게 할 것인지를 결정지을 수 있다.

증거 남기기

"식사든 간식이든, 먹기 전에 모두 사진을 찍어 남겨라. '음식 일지'를 매일 쓰는 사람은 그렇지 않은 사람에 비해 세 배나 더 체중을 감량한 것으로 나타났다."

팀 페리스 Tim Ferriss, 《나는 4시간만 일한다》의 저자

자신이 먹는 것을 모두 사진으로 찍어 남기면 내가 섭취하는 음식에 대해 더 잘 인식할 수 있다. 다이어트를 하다가 잠시 식단에 없는 음식을 먹고 싶은 마음이 들더라도, 그걸 먹고 나면 결심을 지키지 못했다는 뚜렷한 증거가 사진으로 남기 때문에 잠시 손을 멈추고 다시 생각해보게 된다. 이것은 아주 간단한 요령이면서도 매우 효과적일 뿐 아니라 장기적으로 다이어트를 실천하고 성공하게 만드는 데 큰 도움이 된다.

물론 이 요령은 생활의 다른 부분들에도 적용될 수 있다. 좀 더 일찍 일어나는 습관을 들이고 싶은가? 아침에 기상하는 순간마다 시계를 사진으로 찍어보라. 보다 아름다운 몸매를 가꾸려고 노력 중인가? 그날 한 운동, 그날 든 역기나 아령의 무게, 운동한 시간 등을 스프레드시트로 작성해보라. 저축을 좀 더 잘하고 싶은가? 불필요한 구매 물품들을 사진으로 찍어보라.

필요한 것과 불필요한 것

"에피쿠로스는 '자신에게 필요하다고 생각되는 것들을 잘 점검해보고 그중에서 없어도 사는 데 지장이 없는 것이 무엇인지 알아낼 수 있다' 고 했다. 많은 경우 우리는 뭔가를 얻기 위해 열심히 일을 하는데, 그 이유는 '그 뭔가가 없으면 비참해질 것'이라고 우리가 확신하기 때문이라고 한다. 문제는, 이들 가운데는 없어도 얼마든지 잘 살 수 있는 것이 있는데도 그런 것 없이 살아보려 하지 않으면 없어도 되는 그것이 무엇인지를 알 수 없다는 것이다."

윌리엄 B. 어빈 William B. Irvine, 라이트 주립대학교 철학교수

에피쿠로스가 현대사회에 살았다면 이 철학을 전파하는 데 상당히 애를 먹었을 것이다. 현대인들은 마땅히 사치스러운 물건을 소유해야 한다고 생각하는 세상에 살고 있기 때문이다.

사실 현대인은 사치품을 사치품이라 여기지 않고 생필품이라 여긴다. 대부분의 사람들은 그러한 사치품이 없으면 제대로 사람 노릇을 할 수 없다고 생각하기 때문이다.

사치품을 생필품으로 혼동할 때 생기는 문제는, 일상생활을 하는 데 필요한 물건이 많으면 많을수록 자기훈련이 점점 더 불가능에 가까워진다는 것이다.

없어서는 안 될 필수품이라고 여겼던 물건을 소유하지 않고 사는 삶을 주기적으로 실천해보라. 여기에는 여러 가지 이점이 있다.

첫째, 스스로 불편을 감수해야 하는 상황을 만듦으로써 적은 물건으로도 편안함을 느끼며 살 수 있는 생활의 반경이 넓어지고, 정신적인 끈기가 길러진다.

둘째, 자신의 인생에서 어떤 물건이 정말로 필요했는지를 알게 된다. 없어도 사는 데 지장이 없다는 것을 깨닫게 되면 그 외에 다른 물건들도 사실은 그다지 중요하지 않았다는 생각을 할 수 있는 계기가 된다. 그러다 보면 점점 삶에서 별로 중요하지 않은 것들을 제거해버리고 더 중요한 것에 집중할 수 있는 여유가 생긴다.

마지막으로, 보다 적은 것에 보다 만족할 수 있는 능력이 쌓인다. 내 의지와 상관없이 무엇인가를 박탈당한 상황에서도 행복을 느낄 수 있게 된다.

잘못된 길을 갈 때

"겁이 좀 나긴 하지만 짜릿한 흥분을 불러일으키는 일(에너지가 불쑥 용솟음치게 하는 일)이 있다면 그것은 좋은 사인이다. 하지만 비참한 생각이 들고 에너지가 쭉 빠져나가게 하는 일이라면 멈추어야 한다. 삶이 말하기를, 그것은 가야 할 길이 아니다."

데릭 시버스 Derek Sivers, 미국의 인터넷쇼핑몰 CEO

어떤 목표를 정하고 막상 실천을 하려고 하면 그 과정이 너무나 길고 힘들고 고통스러울 것만 같은 생각이 든다. 물론 공원 산책같이 쉬운 일은 아니겠지만 이 과정을 비참한 과정으로 여기는 것은 위험한 생각이다.

자기에게 정말 중요한 목표, 비록 성취하기는 힘들지만 에너지가 용솟음치게 하는 목표를 달성하기 위한 것이라면 자기훈련이 파워풀한 도구가 되어줄 것이다. 하지만 만약에, 그 목표가 오히려 에너지를 빠져나가게 한다면, 거기서 멈추는 것이 좋다.

이것도 저것도
선택하지 않는 것은
둘 다
포기하는 것이다.

어떻게 하루를 여느냐에 따라
그날이 어떻게 펼쳐질지가 결정된다
......

4

일찍 일어나는 습관

"춥고 눈 내리는 날, 산속 오두막에서 깨어나 산책을 나가려 하지만, 그러려면 먼저 침대에서 나와 불을 지펴야만 한다. 이럴 때 포근한 침대에 계속 있고 싶은데도 벌떡 일어나 불을 지피러 가는 것은 내 앞에 놓인 하루가 침대에 누워 있는 것보다 더 큰 즐거움을 약속하기 때문이다."

페마 쵸드론 Pema Chödrön, 미국의 티베트불교 승려

이른 아침 잠에서 채 깨지 않은 상태에서 따뜻하고 편안한 잠자리를 떨치고 일어나는 것은 아마도 자기훈련 과정에서 가장 어려운 도전 중 하나일 것이다.

그런데 이상하게도 휴가 중일 때는 이런 일을 거의 경험하지 않는다. 즐겁고 신나는 하루를 보낼 생각을 하면 눈을 뜨자마자 침대에서 벌떡 일어나 뛰쳐나오게 된다.

하지만 자신의 앞에 놓인 그날 하루의 일과에서 특별히 기대할 것이 없을 때는 침대에서 나오는 것이 힘들게 느껴진다. 자기훈련이 잘된 사람이든 아니든 이것은 마찬가지다.

좀 더 침대에 있고 싶은 유혹을 이겨내기 위해 매일 밤 잠자리

에 들기 전 다음 날 아침 일찍 일어나야 할 그럴듯한 이유를 생각해두거나, 아침에 반드시 일어나야만 하는 야심적인 장기 목표를 세워보도록 하라.

기억할 것은 늦잠을 자고 싶은 유혹보다 그 이유가 더 매력적이지 못하면 여전히 침대에서 일어나는 것이 힘들다는 것이다. 아침 시간에 자신을 컨트롤하는 데는 '일찍 일어나야 할 이유'보다 더 도움이 되는 것은 없다.

새벽운동

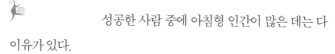

성공한 사람 중에 아침형 인간이 많은 데는 다
이유가 있다.

이른 아침에는 신경 써야 할 다른 일들이 거의 없다. 나에게 부
탁을 하는 사람도, 급한 용무도, 완수해야 할 업무도 없다. 이른 새
벽에 일어난 사람은 다른 이들이 잠자리에서 일어날 때쯤이면 남
들이 하루 동안 해내는 일보다 더 많은 일을 끝내놓을 수 있다.

하루를 시작하는 가장 좋은 방법은 운동을 하는 것이다. 저녁
이 되면 몸이 피곤하거나 신경 써야 할 다른 일들로 인해 운동을
거르기가 쉬워지기 때문이다.

새벽운동을 하게 되면 그날 하루 다른 일들을 하는 데도 도움
이 된다. 자기통제력을 발휘해서 무언가에 전념하기로 의식적인
결정을 내리는 것으로 하루를 시작한 셈이기 때문이다. 어떻게 하

루를 여느냐에 따라 그날이 어떻게 펼쳐질지가 결정된다.

아울러 이른 아침은 신선한 에너지로 충만할 때여서 보다 효과적으로 운동을 할 수 있다. 다른 일로 분주하게 하루를 보낸 뒤에는 정신적으로 지쳐 있기 때문에 이른 아침과 같은 힘과 의지력을 발휘하기는 어렵다.

가능하면 새벽 일정에 운동을 포함시키도록 하라. 가볍게 동네를 한 바퀴 돌거나 근육풀기 운동을 하는 간단한 일과만으로도 하루를 보다 생산적으로 보내는 데 도움이 된다.

비전 그리기

"많은 경우 사람들이 와서 '나는 이 분야 혹은 저 분야에서 자기훈련을 하는 데 정말 애를 먹고 있다'고 말을 할 때, 그들이 애를 먹는 이유는 대부분 의지력 부족 때문이 아니라 비전 부족 때문인 것을 알 수 있다. 우리의 극기력은 비전의 뚜렷함과 정비례한다."

로리 베이든 Rory Vaden, 세계적인 자기계발 전략가

저절로 군침이 흐르는 맛있는 케이크를 앞에 두고 있을 때, 우리는 왜 그것을 먹지 않기 위해 그처럼 애를 써야 하는지 갈등이 일어나곤 한다. 지금 참아야만 하는 이유를 상기시켜주는 뚜렷하고도 구체적인 비전이 없다면 그 자리에서 포기해 버리기 쉽다.

자신이 목표로 삼고 있는 미래의 변화된 모습을 잠시라도 머릿속에 그려보는 것으로 매일 하루를 시작하도록 하라. 내가 이루고자 하는 것이 무엇인지, 그것을 이루었을 때 어떤 기분이 들지, 그리고 그것을 간절히 원하는 것이 왜 그토록 중요한지 머릿속에 그려보라.

목표하는 바를 몇 줄의 글로 써놓거나 뚜렷한 마음의 이미지를 그려두고 그것을 자주 들여다보면 자신의 결심을 더더욱 단단히 굳히고 유혹에 넘어가지 않는 데 도움이 된다.

시작을 쉽게 하는 요령

"가장 좋은 것은 일의 진도가 아주 잘 나가고 다음에 벌어질 일을 확실하게 알고 있을 때 멈추는 것이다. 소설을 쓸 때 매일 이런 식으로 하면 절대 막히는 일이 없다. 그것이 내가 말해줄 수 있는 가장 값진 교훈이니 기억하도록 노력하라."

어니스트 헤밍웨이 Ernest Hemingway, 미국의 소설가

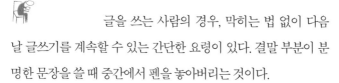 글을 쓰는 사람의 경우, 막히는 법 없이 다음 날 글쓰기를 계속할 수 있는 간단한 요령이 있다. 결말 부분이 분명한 문장을 쓸 때 중간에서 펜을 놓아버리는 것이다.

이렇게 하면 다음에 글을 쓰기 위해 앉았을 때 꽉 막혀서 앞으로 나가지 않고 중단될 일이 없다. 미완성의 문장을 완성하다 보면 탄력이 붙어 계속해서 술술 써나갈 수 있기 때문이다.

이 요령은 작가에게만 해당되는 것이 아니다. 수월하고도 별로 중요하지 않은 일이라면 중간에 중단하고 다음 날 계속 진행해보라. 그러면 별 저항감 없이 일을 속개할 수 있다.

중요한 기술을 익히기 위해 책을 읽는 중이라면, 공부를 잠깐

쉴 때는 되도록 쉬운 장을 골라서 멈추도록 하라. 건강한 식습관을 지키고 싶지만 출근 때문에 쉽지 않다면, 전날 소량의 건강한 아침을 미리 준비해두도록 하라.

이 습관의 핵심은, 꼭 해야 하는 활동을 다음 날에도 수월하게 계속 이어서 할 수 있게 만드는 것이다. 이런 식으로 하면 어떤 일을 위해 시동을 거는 데 드는 수고를 훨씬 줄일 수 있다.

변화의 발걸음

"새로운 인간으로 거듭나려면 새로운 장소에서 지금까지 알지 못했던 사람들과 새로운 일을 해야만 한다. 지금껏 살던 방식대로 산다면 예전과 똑같은 나 외에 무엇이 되기를 바라겠는가?"

조 애버크롬비 Joe Abercrombie, 영국의 판타지 소설 작가

새로운 자신의 모습으로 탈바꿈한다고 해서 지금껏 살아오던 방식이나 가족과 친지를 다 등지고 새로운 곳으로 이사를 해야 한다거나 하는 것은 아니다. 하지만 최소한 예전의 내 생활에서 일부는 버리고 새로운 것으로 대체해야만 새 사람으로 거듭날 수 있다.

예를 들어 보다 생산적인 사람이 되고 싶은가? 친구들과 어울려 클럽에 가고 파티를 즐기는 것이 생활의 중요한 일부였다면, 이제 그 습관을 버리고 보다 차분한 새로운 라이프스타일로 그 자리를 채우지 않으면 안 된다.

물론 지금껏 함께 어울려 다니던 친구들은 나의 이런 변화를 달갑게 받아들이지 않을지도 모른다. 그렇지만 자기성장을 위해

필요한 일을 하는 것을 싫어하는 친구라면 진정한 친구라고 할 수 있을까?

또한 장기적인 중요한 목표를 추구하기 위해서는 지금껏 한 번도 간 적이 없는 곳을 찾고, 지금껏 한 번도 생각해보지 않았던 습관을 받아들여야 한다.

옛 습관을 버리고 뭔가 새로운 것으로 그 자리를 메우려고 하다 보면 일종의 저항에 부딪히게 되는 것은 당연하다. 하지만 그 것만이 새로운 나로 태어날 수 있는 유일한 방법이다.

빠져나갈 구멍은 없다. 지금껏 살아온 삶의 방식에 아무리 감정적으로 얽매여 있다 해도, 새로운 방식에 실패할까 봐 두렵다 해도, 새 인생을 살고 싶다면 낡은 것으로부터 벗어나야만 한다.

장거리 달리기

"음악을 오랫동안 하겠다고 작정한 사람과 그냥 한번 시도해보는 사람을 비교해본 결과, 같은 연습을 하더라도 음악인이 되려고 마음먹은 사람이 400% 더 높은 성과를 냈다. 먼 장래를 보고 음악을 시작한 사람은 일주일에 20분씩 연습을 하고도 1시간 30분씩 연습한 단기적 목적의 사람들보다 더 실력이 향상되었다. 장기적 목적으로 음악을 시작한 사람이 연습 또한 고난도로 했을 때 그 실력은 눈부시게 향상되었다."

대니얼 코일 Daniel Coyle, 미국의 칼럼니스트, 《탤런트 코드》의 저자

똑같은 일에 똑같은 시간을 투자해도 그냥 한번 해보자는 마음으로 하는 사람과 장기적인 목표를 세우고 뛰어드는 사람은 그 결과에서 큰 차이가 난다.

중요한 것은 생각날 때마다 드문드문 시간을 투자하는 것이 아니라 적은 시간이라도 꾸준히 실천하는 것이다. 즉 승리할 수 있는 전략은 단거리 육상선수처럼 빠른 속도로 짧은 거리를 달리는 것이 아니라 마라토너처럼 느린 속도로 긴 거리를 완주하는 것이다.

예를 들어 글을 쓰는 경우라면, 하루에 반드시 천 자를 쓰는 등의 습관을 들여놓는 것이 좋다. 한꺼번에 몰아서 하겠다는 생각으로 며칠 쉬어버리면 다시 제 페이스를 찾기까지 또 며칠의 시간이 걸리게 된다. 그러나 매일 쓰는 버릇을 들여놓으면 최소한 꾸준히 무엇이라도 쓰게 된다.

결심한 바가 있어 그것을 이루기 위해 꾸준히 실천하고 있는지, 아니면 틈이 나는 대로, 생각나는 대로 드문드문 실행하고 있는지 자신을 되돌아보라. 꾸준히 실천하고 있지 못하다면 일정 기간 동안 매일 혹은 매주 자신이 반드시 실천할 수 있는 일상의 규칙을 정해보라.

분발심 저축통장

"물론 분발심은 영구적이지 못하다. 하긴 목욕도 영구적인 것이 아니어서 정기적으로 꼭 해야만 한다."

지그 지글러 Zig Ziglar, 세계적인 강연가, 《정상에서 만납시다》의 저자

지금 분발심을 가진다고 해서 그것이 영구적으로 지속될 거라고 믿어서도 안 되고, 분발심이 사라졌다고 목표를 포기해야 하는 것으로 생각해서도 안 된다.

자신이 왜 그 목표를 정하게 되었는지 이유를 생각하면 다시금 분발심이 샘솟겠지만, 무엇보다도 자신에게 그런 감정을 일으키는 요소를 주기적으로 점검하고 갱신하는 것이 중요하다.

일시적으로 의욕이 흐려졌다고 해서 포기하고 싶은 유혹에 넘어가서는 안 된다. 그것을 노력을 그만두어야 할 이유로 삼지 말고, 다시 의욕이 활활 타오르게 할 실질적이고 현실적인 방안을 생각해내야 한다.

깨끗한 상태를 유지하기 위해서는 자주 목욕을 해야 하듯, 마음속의 의욕도 자주 관리를 해주어야 한다. 의욕이 사라지려 할

때마다 그것을 다시 불러일으킬 수 있는 새로운 방법을 찾아보라.

나의 분발심을 활활 타오르게 하는 것들을 목록으로 작성해두는 것도 좋다. 예를 들면 감동적이거나 힘을 주는 기사, 노래, 이미지 등이 있을 수 있다. 이렇게 목록을 작성해두면 의욕이 떨어질 때마다 찾을 수 있는 나만의 '분발심 저축통장'이 생기는 셈이다.

의지력의 근육

"자제력은 아침에 가장 높고, 하루 중 시간이 흐를수록 꾸준히 저하된다."

켈리 맥고니걸 Kelly McGonigal, 스탠퍼드대학교 심리학 교수, 《스트레스의 힘》 저자

일부 과학자들은 의지력을 고갈될 수 있는 자원이라고 생각한다. 아침에 일정량의 의지력을 지닌 채 잠에서 깨어나지만 그날 하루를 보내는 동안 그 의지력이 점점 고갈된다는 것이다.

이 이론에 반대하는 과학자들도 있다. 의지력이란 원할 때 언제라도 발휘할 수 있는 것이라고 믿는 이들은 하루 일과를 보내는 동안 의지력의 소모를 전혀 느끼지 못한다는 것이다.

어느 한쪽을 선택하기보다 중립적인 입장을 택하는 것이 안전하다. 자신의 의지력이 고갈될 수 있는 자원이라고 생각하지 않더라도 중요한 일은 아침에 처리하는 습관을 들이는 것이다.

이는 의지력이 고갈될 것을 우려해서라기보다 낮 동안에는 여러 가지 일들로 집중력이 낮아지고 저녁쯤 되면 자신이 뭘 하려고

다짐했는지조차 잊어버리기 쉽기 때문이다. 혹은 몸이 피곤해서 다시 한번 의지력을 발휘하는 것이 귀찮아질 수도 있다.

이와 동시에 자제력의 고갈을 변명으로 삼지 않도록 노력해야 한다. 신체 근육을 다지기 위해 아침저녁으로 꾸준히 운동하는 것과 마찬가지로, 의지력의 근육도 아침저녁 꾸준하게 다져주어야 한다.

지독한 전념

"어떤 계획을 생각해낸다. 그 계획을 인생의 전부로 삼는다. 자나 깨나 그 계획만을 생각하고 꿈을 꾸며 그 계획만을 위해 산다. 두뇌, 근육, 신경, 신체 모든 부위가 그 계획만으로 가득하게 하고 다른 생각은 모두 버린다. 이것이 성공하는 방법이다."

스와미 비베카난다 Swami Vivekananda, 인도의 힌두교 지도자

단 한 가지 계획에 100% 전념한다는 것은 현대인에게 거의 불가능한 일일지도 모른다. 하지만 능력이 닿는 최대한으로 무언가에 전념할 수 있다면 그 한 가지 목적하는 바에서 많은 것을 얻어낼 수 있다. 하나의 계획에 인생을 바칠 정도로 전념할 때 두 가지 주요한 이득이 있다.

첫째, 한 가지 계획에만 완전히 전념하려면 철저한 자기훈련이 필요한데, 그 과정을 통해 자신을 다스리는 능력을 크게 향상시킬 수 있다. 아울러 인내심과 집념이 길러지며, 작지만 강력한 실천행위 하나가 장기적으로 인생에 큰 도움이 된다는 것을 깨닫게 된다.

둘째, 가장 중요한 한 가지 일에 인생을 걸고 전념하다 보면 목표가 분산되었을 때보다 더 빨리 자신의 목표에 도달할 수 있다.

마음의 단식

"악습 금지기간을 한번 실천해보라. 딱 한 가지 자신이 버려야 할 습관을 선택한 뒤, 금식하듯 30일간을 금지해보라. 내 능력이 아직 죽지 않았음을 과시해보라."

대런 하디 Darren Hardy, 월간지 《석세스》의 발행인

자기단련의 열성이 조금 식을 만할 때 다시 제 페이스를 찾는 데는 30일간의 '악습 금지기간'만큼 좋은 것이 없다. 평생이 아니라 30일간 실천하는 것이기 때문에 당장 시작하는 데 큰 저항감도 없다.

비록 단기간이긴 하지만 자신의 의지력을 발휘하고 키우는 효과도 있다.

30일간 금지할 만한 악습의 예로는 음주, 당분 섭취, 스누즈 버튼 누르기, TV 시청, SNS 활동, 생필품 외 불필요한 지출 등을 들 수 있다.

시선이 머무는 곳

"자동차 경주에서 사람들이 하는 말이 있다. 차는 운전자의 눈이 향하는 곳으로 간다는 것이다. 차가 제멋대로 빙글빙글 돌아갈 때 운전자가 벽에서 눈을 떼지 못하고 있으면 차는 그 벽에 가 부딪친다. 타이어가 빠져나가는 걸 느끼면서도 트랙을 직시하는 운전자는 다시 자동차를 제어할 수 있다."

가스 스타인 Garth Stein, 《빗속을 질주하는 법》을 쓴 미국 작가이자 영화 제작자

어려운 일이 닥쳐 무너질 것만 같을 때는 자동차 레이서들의 조언을 새겨듣자. 충돌할까 봐 두려운 벽을 응시하지 말고 자동차가 전진하길 원하는 곳을 응시하라고 그들은 조언한다.

이는 실패하면 어떻게 할지를 걱정하는 데 정신을 집중시키지 말고 어려운 상황을 헤쳐 나가기 위해 취해야 할 다음 행동에 집중하라는 뜻으로 받아들일 수 있다.

실패했을 경우를 신경 쓰는 것은 에너지 낭비일 뿐 아니라, 마치 실패는 피할 수 없는 것처럼 두뇌에 신호를 보냄으로써 오히려

자신이 하고자 하는 일에 방해가 될 뿐이다.

어떤 형태로든 문제 상황과 좌절에 부딪혔을 때는 자동차 레이서들과 같은 태도를 가져야 한다. 목전의 실패에만 신경을 쓰다 보면 거의 실패를 보장하는 셈이나 다름없지만, 운전대를 단단히 쥐고 자신이 가야 할 방향을 직시한다면 실패라는 운명을 피할 가능성을 높일 수 있다.

올인

"나는 지나온 다리는 붕괴시켜버린다. 그러면 앞으로 나아가는 수밖에 없다."

프리드쇼프 난센 Fridtjof Nansen, 노르웨이의 탐험가

만약의 경우 빠져나갈 안전망을 설치해두고 목표를 향해 가면 쉽사리 정신상태가 해이해지고 게을러질 수 있다. 자신이 이런 경우에 해당한다면 그 빠져나갈 구멍을 완전히 메워버리고 목표에 올인해보라. 이렇게 할 경우에는 크게 성공하거나 크게 실패하거나, 둘 중 하나다.

이런 극단적인 결정을 내리기 전에 모든 리스크를 감안해야 하는 것은 말할 것도 없다. 만약 식구들을 먹여 살릴 책임을 온전히 떠맡고 있는 가장이라면, 현재의 직장을 단번에 그만두고 새로운 사업에 도전하는 것은 현명한 선택이라고 할 수 없을 것이다. 하지만 이런 경우가 아니라면 만약을 대비한 안전망을 완전히 제거해버릴 수 있다.

예를 들어 다이어트가 목표라고 하면, 건강에 좋지 않은 음식

을 집 안에서 완전히 없애버리고 3개월 치에 해당하는 건강식품으로 대체해놓는다거나, 친구와 가족에게 다이어트 시작을 공개 선언하는 방법 등이 있을 수 있다. 친구에게 상당한 금액의 돈을 맡겨놓고 만약 자신이 다이어트에 실패하면 그 돈을 다 써도 좋다고 선언하는 것도 한 예가 될 수 있다.

이처럼 극단적인 '올인' 옵션을 선택할 경우 결심한 대로 실천에 옮기는 것이 더 수월해진다. 만약의 경우를 대비한 안전망을 설치해두고 실패해도 크게 잃을 것이 없는 상태에서 목표를 향한 달리기를 시작하면 마음이 조금만 흔들려도 쉽게 유혹에 넘어갈 수 있다.

태만한 죄

"암 치료, 교향곡 작곡, 상온 핵융합이라는 임무가 나에게 주어졌는데 그 일을 하지 않는다면, 그것은 나 자신에게뿐 아니라 타인에게도 피해를 끼치는 짓이다. 후손들에게도, 나에게도, 지구에게도 피해를 끼치는 일이다."

스티븐 프레스필드 Steven Pressfield, 영화 〈300〉의 원작소설 《불의 문》을 쓴 작가

우리는 자신이 아닌 타인을 위해서라도 지금의 태만한 태도를 떨쳐버려야 한다. 이를 '친사회적 동기'라고 한다. 나 자신을 넘어 내 가족, 자선단체, 지역사회, 혹은 환경 등 누군가 혹은 무언가를 위해 분발하는 것이다.

잠시 하던 일을 멈추고 나의 태만함이 내 주변 사람들에게 어떤 피해를 입히고 있는지 곰곰이 생각해보라. 이처럼 부정적인 반성을 통해 얻는 동기는 그 어떤 긍정적인 격려의 말보다 더 강력할 수 있다.

가족을 실망시키고 더 나아가 지구 전체에 피해를 주고 있다는 것을 깨달음으로써 생기는 죄책감은 자기 자신이 받게 될 내적,

외적 보상보다 더 큰 사고전환의 계기가 될 수 있다.

평소에 자신보다 다른 사람을 더 위하는 성격을 갖고 있다면, 이것을 자기계발을 위한 촉매제로 이용하라. 그러나 너무 지나치지는 않도록 조심하라. 중요한 건 다른 모든 사람들과 자기 자신을 위해서 보다 건설적이고 생산적인 인간이 되는 것이지, 죄책감의 노예가 되어 평생을 남을 위해 바치는 것은 아니기 때문이다.

더 높은 목표

"나는 목표를 너무 낮게 잡는 끔찍한 잘못을 저지르지 않을 것이다. 나는 실패가 용납되지 않는 일을 할 것이다. 나는 항상 내가 닿을 수 있는 곳보다 더 높이 손을 뻗칠 것이다."

오그 만디노 Og Mandino, 미국 성공학의 대가

목표를 지나치게 낮게 잡는다는 것은 미래의 보상보다 지금 당장의 편안함을 선택하겠다고 공언하는 것이나 다름없다. 쉽사리 도달할 수 있는 낮은 목표를 잡음으로써 목표를 이루지 못할까 봐 걱정할 필요가 없어지기 때문이다.

하지만 목표가 낮으면 자신이 성취할 수 있는 한계도 제한된다. 지금 당장 편하자고 미래에 받을 수 있는 보다 큰 보상을 포기하는 셈이다.

실패할 리스크가 더 높아 망설여질 정도의 야심찬 목표를 정해 보라. 오늘 당장은 조금 불편하더라도 장차 더 많은 것을 얻을 수 있다. 자기단련을 통해 보다 나은 삶을 꿈꾸는 사람이라면 그런 선택을 하지 않을까?

그러나 목표를 높이 잡는다고 해서 자신이 할 수 있는 한계를 넘어서는 것이어서는 안 된다. 자신의 한계가 어디까지인지 확신이 서지 않는다면, 보다 안전하고 쉬운 목표를 정해서 서서히 시작해보고 그 일에 대해 제대로 파악한 후 목표를 좀 더 높일 수 있다.

유혹의 의미

"술이나 섹스 등을 멀리하라는 수도승의 규칙은 이들이 본질적으로 나쁘거나 부도덕하기 때문이 아니라 사람들이 이러한 것들을 자신의 유모로 삼기 때문이다. 사람들은 이를 도망치는 수단으로 이용한다. 이들을 이용해 좀 편해지려 하고, 주의를 딴 데로 돌리려 한다."

페마 쵸드론 Pema Chödrön, 미국의 티베트불교 승려

유혹을 샅샅이 해부해보면 왜 자신이 그 유혹 앞에서 맥을 못 추는지 흥미로운 사실을 알아낼 수 있다.

물론 그 자체가 너무나 달콤해서 유혹에 빠지는 경우도 있다. 하지만 보다 더 깊이 파고들어 보면 거기에는 채워지지 않은 욕망이 있는지도 모른다. 이 욕망을 인식하고 보다 긍정적인 방식으로 채워주면 더 이상 달콤한 유혹에 빠져들지 않아도 된다.

예를 들어 우울증에 빠지거나 모든 의욕을 잃고 전혀 생산적인 활동을 하지 못하는 경우 폭식이나 나쁜 행동을 탐닉하는 파괴적인 생활습관에 젖어버리기 쉽다. 이럴 때는 마음을 다잡고 새로운 목표를 세워서 그에 집중할 필요가 있다. 그렇게 하면 우울증이나

의욕상실, 나태한 생활태도 등을 고치고 파괴적인 생활습관에서 벗어날 수 있다.

자신이 지닌 문제적 행동, 자신이 빠져들어 있는 유혹을 곰곰이 생각해보고 그 배후에 있는 보다 깊은 문제를 찾아보도록 하라. 왜 특정한 나쁜 생활습관으로 자신의 주의를 돌리려 하거나 편안함을 찾게 되었는지 깊이 반성해보라. 그러한 나쁜 생활습관으로 자신을 이끌어 간 정신적 문제가 무엇인지, 그런 습관을 통해 어떤 정신적 대가를 얻을 수 있는지 자문해보라.

닮지 말아야 할 모델

"사람들은 롤모델에만 관심을 집중한다. 하지만 닮고 싶지 않은 모델을 찾는 것이 훨씬 더 효과적이다. 즉 자라서 저런 사람이 되지 말아야지 싶은 사람을 모델로 찾는 것이다."

나심 탈레브 Nassim Taleb, 레바논 출신의 경제 전문가, 《블랙 스완》의 저자

사람들은 흔히 '성공한 사람 가운데 네가 닮고 싶은 사람을 찾아보라'고 조언한다. 하지만 때로는 긍정적인 동기보다 부정적인 동기가 더 큰 힘을 발휘할 수 있다. 예를 들어 상금이 걸린 달리기 경주보다 깡패에게 쫓길 때 더 빨리 달릴 수 있는 것과 같은 이치다.

따라서 자신이 원하지 않는 삶의 태도를 리스트로 작성한다거나, 절대로 닮고 싶지 않은 사람을 골라 '반모델'로 삼으면 더 크게 분발할 수 있다.

포기하거나 게을러지고 싶은 유혹을 느낄 때마다 자신이 그 반모델에 한 걸음 더 가까이 닮아가고 있음을 상기하도록 하라. 그렇게 하면 뭐라도 해보겠다는 의욕이 생길 것이다. 이것이야말로

강력한 부정적 동기가 아닐 수 없다.

만약 닮고 싶지 않은 반모델이 생각나지 않는다면, 자신이 원하는 미래의 모습과 정반대로 살고 있는 자기 자신을 상상해보라. 그리고 그 원치 않는 '미래의 내 모습'을 반모델로 삼도록 하라.

역(逆)피해의식

"역피해의식은 자신의 성공을 돕기 위해 세상이 온통 음모를 꾸미고 있다고 생각하는 것이다. 모든 상황이 자신에게 뭔가를 가르쳐주기 위해, 혹은 자신의 성공을 위해 하늘이 내려준 것이라고 생각한다. 탁월한 성과를 내는 사람에게서 가장 뚜렷하게 찾아볼 수 있는 특징이 바로 이것이다."

브라이언 트레이시 Brian Tracy, 동기유발 전문 강연가, 베스트셀러 작가

어려움과 고난, 혹은 실패와 같은 것들의 의미를 달리 해석해서 이를 긍정적으로 받아들이는 과정을 '사고의 틀 재구성'이라고 한다. 예를 들어 운동을 하다가 부상을 당하면 '재수 없는 일'로 받아들이는 대신 생각을 바꾸어 심기일전의 계기로 삼는 것이다. 그러면 앞으로 부상 없이 보다 더 안전하게 경기를 하는 데 도움이 된다.

다이어트를 하다가 유혹을 이기지 못해 폭식을 하고 말았다면 대개 자신의 어리석음을 탓하게 된다. 그러나 내가 그런 행동을 왜, 어디서, 언제 하게 되었는지, 그런 일이 다시 없도록 하기 위해

서 내가 할 수 있는 일은 무엇인지 돌아봄으로써 거기서 뭔가를 배울 수 있다면, 그것이 보다 건설적인 태도다.

세상만사가 자신의 성공을 위해 음모를 꾸미고 있다는 역피해 의식를 가지면 보다 행복한 일상을 살 수 있을 뿐 아니라 자신의 정신건강에도 좋다. 그리하여 쉽사리 포기하거나 용기를 잃지 않는 강인한 사람으로 거듭날 수 있다.

구매할 가치

"어떤 물건의 가격이 50달러라고 가정할 때, 그 50달러라는 금액을 투자하면 20년 후 가치가 어떻게 변할지 생각해보라. '이 물건은 250달러의 가치가 될까?' 자문해보라. 오늘 250달러의 가치가 있다고 생각된다면, 그 물건은 구매할 가치가 있다."

대런 하디 Darren Hardy, 월간지 《석세스》의 발행인

돈의 가치는 두 가지로 나뉜다. 현재의 가치와 미래의 가치다. 지금 이 순간, 50달러짜리 지폐의 가치는 50달러다. 하지만 이 금액을 지금 투자하면, 수익률이 인플레이션을 초과한다고 가정할 때 장래에는 그 가치가 몇 배 더 오르게 된다.

돈 문제와 관련해 절제력이 있는 사람이 되고자 한다면, 지금 소비하는 그 돈이 해를 거듭할수록 가치가 점점 불어난다는 생각을 해보라. 그러면 불필요한 지출을 줄이는 데 도움이 될 것이다.

혹은 그 물건을 사는 데 필요한 돈을 벌기 위해서는 몇 시간 동안 일을 해야 하는지 따져보도록 하라. 50달러라는 금액을 단지 숫자로만 생각하면 거기에 대한 별다른 감정이 생기지 않을 것이

다. 하지만 그 돈을 벌기 위해 일해야 하는 2~3시간을 떠올리면 생각이 달라진다.

과연 이 물건을 사기 위해 나는 2~3시간을 더 일할 용의가 있는가? 장기적으로 볼 때는 50시간 정도 더 일을 할 가치가 있는가? 그래도 그 물건은 살 만한 가치가 있는 것인가?

리트머스 시험

"우리는 뭔가 하기 싫은 일이 있으면 그 일이 아주 어려운 일인 것으로 상상한다. 매우 귀찮고 힘든 단계로 이루어져 있는 일이라 여긴다. 뭔가 좋아하는 일이 있으면 그것이 아주 쉬워 보인다. 단 하나의 재미있는 단계로만 이루어진 일인 것으로 상상한다."

데릭 시버스 Derek Sivers, 미국의 인터넷쇼핑몰 CEO

새로운 목표를 세울 때 어떤 이들은 그것을 여러 개의 까다로운 단계로 이루어진 힘겨운 일인 것으로 상상하고, 어떤 이들은 한 번에 후딱 해치울 수 있는 간단한 일인 것으로 상상한다.

그 목표에 다다르는 과정을 어떻게 머릿속에 그리느냐 하는 것은 리트머스 시험과 같은 것이다. 제대로 된 목표를 추구하고 있는지, 제대로 된 방법으로 그 목표를 쫓아가고 있는 것인지, 답을 말해주기 때문이다.

지금 어떤 계획을 세우고 실행하고 있는 중이라면 꼭 기억하기 바란다.

그 계획이 마치 온갖 고생을 감수해야 하는 긴 여정인 듯 생각하는 것보다 하나의 신나는 모험인 듯 취급하는 것이 포기하지 않고 보다 수월하게 목표에 도달할 수 있는 하나의 요령이다.

그릇의 크기

"영화관에서 팝콘을 보다 큰 용기에 담아서 줄수록 관객들은 팝콘을 45.3% 더 먹어치운다. 용기의 크기가 주는 영향은 막대하다. 팝콘을 싫어하는 사람도 큰 용기에 담아 주면 중간 크기의 용기에 담아 주었을 때보다 33.6% 더 먹어치운다."

브라이언 완싱크 Brian Wansink, 스탠퍼드대학 철학박사, 코넬대학 식품 브랜드 연구소 소장

조사에 의하면 팝콘을 담는 그릇의 크기가 먹는 팝콘의 양에 영향을 주는 것으로 나타났다. 흥미로운 것은 팝콘을 싫어하는 사람조차 더 큰 용기에 담아 주었을 때 중간 크기용기에 주었을 때보다 더 많이 먹는다는 사실이다.

따라서 음식 양을 줄이고 결과적으로 다이어트에 성공하고는 싶지만 의지력이 부족하다면 컵이나 그릇, 접시의 크기를 작은 것으로 바꾸는 것이 좋다.

아울러 음식을 거부하기가 힘들다면 양치질을 하도록 하라. 양치질을 하고 나면 상쾌한 기분을 망치기 싫어서 음식 섭취를 가급적 피하게 된다. 더구나 양치질을 하고 난 직후에는 음식 맛이 평소와 다르기 때문에 먹고 싶은 유혹을 보다 쉽게 뿌리칠 수 있다.

혼밥의 효과

"다른 사람과 함께 식사를 할 경우 혼자 식사할 때보다 33% 더 많이 먹게 된다. 함께 식사하는 사람의 숫자가 2명, 3명, 4명, 5명, 6명, 7명으로 증가할수록 각각 47%, 58%, 69%, 70%, 72%, 96% 식사량이 증가한다."

존 M. 드 카스트로 John M. de Castro, 식습관 전문가, 샘휴스턴대학 인문대 학장

식사량을 조절하는 간단한 방법은 혼밥을 하는 것이다. 다른 사람과 함께 식사를 하면 더 많은 음식을 먹게 되고, 함께 식사하는 사람이 많아질수록 그에 비례해서 식사량이 늘어난다.

그런데 연구에 의하면 이 현상은 식사하는 시간과는 상관이 없는 것으로 나타났다. 혼자일 때보다 다른 사람과 함께일 때 더 많은 음식을 먹게 되는 것은 단지 '다른 사람과 동석'하고 있기 때문이라는 것이다.

동물들도 마찬가지다. 닭의 경우 배고픈 닭이 옆에서 모이를 먹기 시작하면 배가 부른 닭조차 계속 모이를 쪼아 먹는다.

따라서 다이어트 중이라면 사람들과 있을 때 같이 식사를 하기보다는 함께할 수 있는 다른 활동을 찾아보는 것이 좋다.

지난 과오

"킹 제독은 말했다. '만약 배가 침몰했다면 나는 그것을 끌어올릴 재간이 없다. 배가 침몰하려고 한다면 나는 그것을 막을 수 없다. 과거에 일어난 일로 속을 태우는 것보다 내일의 문제를 위해 시간을 쓰는 편이 훨씬 더 낫다. 더구나 과거가 나를 사로잡게 내버려 두면 내가 오래가지 못한다.'"

데일 카네기 Dale Carnegie, 미국의 자기계발 분야 강연가이자 베스트셀러 작가

많은 사람들이 과거에 얽매여 시간을 낭비한다. 과거의 실수에 죄책감을 느끼고, 최근에 잘못된 선택을 했던 것을 후회하고, 몇 달 전에 실패를 예견하지 못했던 것을 가지고 안타까워한다. 이렇게 과거에 얽매여서 얻는 것이 무엇인가?

킹 제독이 말했듯, 배가 이미 가라앉았다면 다시 끌어올려 항해할 수 없다. 실수를 저질렀다면 다시 되돌릴 수 없다. 실수로 인한 결과는 어떻게든 고쳐볼 도리가 있어도 시간 자체를 돌려놓을 수는 없다.

마찬가지로 얼마 전에 한 잘못된 선택도 바꿀 수 없다. 할 수 있

는 일은 지금 이 시간에 다른 선택을 하는 것이다. 또한 미래를 예측할 수 없으므로 우리가 할 수 있는 일은 지금 최선을 다하고 최악의 경우에 대비하는 것뿐이다.

과거에 저지른 과오로 속이 상할 때마다 지난 잘못을 곱씹는 대신 보다 나은 삶을 위해 지금 이 순간 내가 할 수 있는 일이 무엇인지 생각하도록 하라. 결국 내가 할 수 있는 것은 현재 내가 하는 일뿐이니, 바로 지금 올바른 선택을 하는 것만 생각해야 한다.

최악의 상황

"진정한 마음의 평화는 최악의 상황을 수용하는 데서 얻어진다. 심리적으로 말해 나는 그것이 에너지 방출을 의미한다고 생각한다."

린위탕 Lin Yutang, 중국의 작가

근심걱정에서 헤어나고 싶다면 최악의 상황이 일어날 수도 있음을 받아들이고 그에 대해 잊어버리도록 하라. 그런 부정적인 에너지를 방출해버리고 나면 최악의 상황을 걱정하는 데 시간을 허비하는 대신 차후의 결과를 대비하며 시간을 보다 건설적으로 쓸 수 있다.

이 방법은 단순하게 들릴지 모르지만 실은 두려움이 초래하는 마비 상태에서 벗어나게 해주는 강력한 비법이다.

예를 들어 사업을 시작했다가 망할지도 모른다는 걱정 때문에 시작하기도 겁이 난다면, 최악의 경우 파산하리라는 점을 받아들여라. 그렇다면 사업에 실패하더라도 내 인생에 큰 타격을 주지 않기 위해 내가 무엇을 해야 하는지 생각해볼 수 있다. 알뜰한 예산으로 사업을 시작한다거나, 혹은 직장을 계속 다니면서 주말에만 조금씩 시도해본다거나 하는 솔루션을 미리 준비할 수 있게 된다.

이렇게 하면 실제로 사업이 실패하더라도 그 뒷감당을 어떻게 해야 할지 미리 알 수 있다. 만약 실패하지 않는다 해도 최악의 사태를 대비해서 손해 볼 것은 없다.

결국 최악의 상황을 인정해 받아들임으로써 우유부단함에서 벗어날 수 있을 뿐만 아니라, 실패든 성공이든 어떤 경우에 대해서도 준비를 갖추게 되는 것이다.

연습으로 삼기

"나는 싸울 시간도, 후회할 시간도 없다. 그리고 그 누구도 나를 그 사람을 미워하는 찌질한 인간이 되도록 강요할 수도 없다."

로렌스 존스 Laurence Jones, 흑인 지도자, 목사

악의적으로 비난을 가하는 사람은 수백만 명의 팬을 보유한 세계 최고의 예술인들조차 한순간에 무너뜨릴 수 있다. 안타깝게도 대부분의 인간은 자신에게 찬사를 보내는 수많은 사람들보다 적개심을 드러내 보이는 단 한 사람에게 신경을 집중하는 경향이 있기 때문이다.

하지만 그런 적개심을 접하게 될 때 그것을 자기통제력을 기르는 기회로 삼을 수 있다. 찌질한 인간이 되어 나를 미워하는 사람을 똑같이 미워할 것인지, 아니면 나에 대한 적개심을 무시하고 보다 더 중요한 일에 집중할 것인지는 내가 선택할 수 있다.

누군가가 나를 비판하거나, 욕하거나, 비아냥거릴 때, 그것을 자기통제력을 기르기 위한 기회로 삼아라. 거기에 일일이 대응하는 대신 자신의 인내심을 시험하는 작은 걸림돌로 넘겨버려라. 그

렇게 하면 내 시간과 노력을 바칠 가치가 없는 사소한 일로 그것을 축소시켜버릴 수 있다.

이렇게 할 수 있으면 우리는 두 가지 이익을 얻게 된다. 첫째, 교통체증에 빠졌을 때와 마찬가지로 그 상황을 통해 자신의 의지력을 기를 수 있다. 둘째, 부정적인 감정에 빠짐으로써 기분을 망가뜨리는 일을 피할 수 있다.

타인에게 부정적인 태도

"나는 모든 인간에 대한 사랑을 키움으로써 증오심, 시기심, 질투심, 이기심, 그리고 비꼬는 마음을 제거할 것이다. 왜냐하면 타인에 대한 그런 부정적인 태도는 내 성공에 결코 도움이 되지 않기 때문이다."

나폴레온 힐 Napoleon Hill, 성공학의 대가, 베스트셀러 작가

지극히 극소수의 성인군자를 제외하면 대부분의 사람들은 살아가는 가운데 때때로 남을 미워하고, 시기하고, 질투하고, 비평하는 등 인간관계에서 나쁜 태도를 드러내기 마련이다.

자기 감정과의 싸움은 끝이 없는 전투다. 아무리 수련이 잘되어 있다고 해도 이런 태도가 나도 모르게 충동적으로 튀어나올 수 있기 때문이다.

우리가 할 수 있는 것은 다만 늘 경계하는 마음을 갖고, 나쁜 생각을 머릿속에 담아두기보다는 그 정반대의 생각으로 바꿔치기 하거나, 쓸모없는 잡념이라며 떨쳐버리는 것뿐이다.

타인에게 부정적으로 굴면서 기쁨을 느끼는 것은 가장 나쁜 형

태의 '즉각적인 만족감'임을 깨닫는 것이 무엇보다 중요하다.

남을 미워하고, 비꼬는 말로 남에게 상처를 주고, 무관심한 태도로 무시하면 삐뚤어진 형태나마 일시적인 만족을 느낀다. 하지만 스스로 자제하려는 노력을 하지 않고 이런 태도가 습관화되면 자신의 충동을 다스리는 훈련을 할 수 없다. 그러다 보면 인생의 다른 부분에서도 자기단련은 벽에 부딪히고 만다.

스트레스

"분노, 슬픔, 자신감 상실, 초조함과 같은 부정적인 감정을 포함한 스트레스는 우리의 두뇌를 보상을 바라는 상태로 바꾸어버린다. 두뇌는 확실한 보상이 보장된다고 믿는 활동이나 물질을 더더욱 갈망하게 되고, 우리는 그 '보상'만이 자신을 행복하게 해줄 수 있다고 확신하게 된다."

켈리 맥고니걸 Kelly McGonigal, 스탠퍼드대학교 심리학 교수, 《스트레스의 힘》 저자

스트레스에는 부정적 스트레스와 긍정적 스트레스가 있다. 우리가 흔히 말하는 스트레스는 부정적인 효과를 내는 스트레스이고, 그와 반대로 긍정적인 효과를 내는 스트레스는 운동경기를 할 때 혹은 롤러코스터를 탈 때와 같이 심적 부담이 크긴 하지만 긍정적인 기분을 느끼게 해주는 스트레스다.

만성적으로 부정적 스트레스에 시달리면 의지력 저하라는 결과를 낳는다. 스트레스가 쌓이다 보면 압력을 견뎌낼 수 있는 힘이 감소되고, 따라서 정상 상태일 때에 비해 정신력이나 절제력도 많이 떨어지게 된다.

스트레스를 받으면 두뇌는 자아 발전보다는 보상을 바라는 상

태로 바뀌게 되며, 장기적인 목표 달성보다 지금 당장의 편안함을 일차적으로 추구하게 된다. 이미 스트레스에 시달리고 있는 상태에서 자아 발전을 위한 스트레스까지 더하고 싶은 사람은 없을 것이다.

따라서 스트레스가 쌓인다 싶을 때는 단 5분이라도 사랑하는 사람과 손을 잡고 산책을 하거나 책을 읽는 등 이를 해소하기 위한 여가활동을 하는 것이 장기적으로 도움이 된다.

인생은 곡예

"자신의 인생을 다섯 개의 공을 공중에 던져서 돌리는 곡예라고 상상해보라. 다섯 개의 공이란 직장, 가족, 건강, 친구, 그리고 인품이다. 당신은 이 공들이 모두 공중에 떠 있도록 곡예를 부려야 한다. 그런데 어느 날 당신은 마침내 직장이라는 공이 고무공이라는 사실을 깨닫는다. 그 공은 떨어져도 다시 튕겨 오른다. 나머지 네 개의 공은 유리공이다. 그중 하나라도 떨어뜨리면 돌이킬 수 없는 흠집이 나거나 심지어 깨져버릴 수 있다."

제임스 패터슨 James Patterson, 알렉스 크로스 시리즈를 쓴 미국의 추리소설 작가

자기훈련이나 장기적 목표 같은 것도 중요하지만, 우리의 인생에서 뭔가를 이루고 성취하는 것만이 전부는 아니다. 사실 그 무엇보다 중요한 것은 자신의 건강, 인품, 그리고 가족이나 친구들과의 관계라고 할 수 있다.

성공이나 실패를 나와 함께해줄 사람이 없다면 열심히 노력해 새 사람으로 거듭난들 무슨 소용이 있겠는가? 평소에 사기꾼이라는 소리를 들으며 모은 재산이라면 백만금이 있은들 행복한 삶이라고 할 수 있을까? 직장에서 승진하기 위해 전념하는 과정에서

건강을 잃어버리면 과연 그것이 잘 산 인생일까?

삶의 균형을 이루고자 할 때는 항상 고무공보다는 유리공을 우선순위에 두어야 한다. 목표는 차후에 이루어도 되지만 가족과의 관계, 우정, 건강, 신뢰 등은 한번 잃으면 쉽사리 회복하거나 되찾을 수 없다.

내 인생의 유리공들을 조심스럽게 다루고 있는지 단 5분만이라도 생각해보자. 직장 때문에 건강이나 가족 문제를 뒷전으로 미룬 적은 없는지 반성해보자. 자신의 건강과 인품, 그리고 관계를 잃지 않고 목표를 이루기 위해 노력할 수 있는 방법을 생각해보자.

행복은 후불제가 아니다

"내가 접한 환자들이 불행하다고 느꼈던 원인 가운데 공통적인 것은 인생을 후불제로 살려고 노력했다는 것이다. 그들은 지금 현재의 삶을 살고 즐기기보다는 미래에 어떤 일이 일어나기를 기다리며 살고 있었다."

맥스웰 몰츠 Maxwell Maltz, 미국의 심리학자

지금 당장의 만족보다는 내일의 보상을 바라며 미래지향적으로 사는 것은 중요한 일이다. 하지만 이것은 어느 정도껏 해야 바람직하다. 오로지 미래를 바라보며 훗날 어떤 목표를 이루어야만 행복해질 수 있다고 믿는다면 지금은 물론 그 목표를 이루었을 때도 행복하지 못할 가능성이 높다. 왜냐하면 분명 그때 가서 또다시 자신을 행복하게 해줄 새로운 일이나 목표가 생기게 될 것이기 때문이다.

따라서 시선을 먼 장래에 두는 것도 좋지만, 그것을 행복의 조건으로 삼지는 않도록 주의해야 한다.

오늘 행복하지 못하다면 그것이 자신의 웰빙에도 영향을 주기 때문에 목표에 도달하는 것이 더 요원해질 수 있다. 긍정은 긍정

을 낳고 부정은 부정을 낳는다. 현재 행복의 결핍은 미래의 비전
을 실현하는 데 장애물이 된다.

　아울러 행복도 하나의 습관이어서 다른 습관들과 마찬가지로
어느 정도의 자기통제력을 발휘해야만 한다. 자신이 가진 것에 감
사하는 것이나, 부정적인 사건을 소중한 경험으로 삼는 것, 그리
고 사소한 것에서 기쁨을 찾아내는 것 등의 생활태도야말로 가장
건강한 정신을 유지시켜준다.

내가 생각하는 이유

"자기 분야에서 크게 성공한 사람들을 보면, 일반적으로 우리가 생각하는 성공을 직접적으로 추구하고 있지 않은 경우가 많다는 증거가 있다. 그들은 자기 삶의 통제권을 갖고 싶고, 자신이 속한 세상을 배우고 싶고, 오래 지속되는 무엇인가를 이루고 싶다는 내면의 욕망 때문에 열심히 노력하고 역경을 헤쳐 나간다."

다니엘 핑크 Daniel Pink, 경제지 저널리스트이자 베스트셀러 작가

자신의 삶을 스스로 통제하고, 세상을 배우고, 오래 지속되는 무엇인가를 이루고 싶은 욕망을 자신의 목표와 연결시키고 싶은가? 각 분야에서 크게 성공한 사람들에게서 그 비결을 찾아보자.

성공적인 사업을 이루고자 하는 바람을 삶의 주체성, 세상에 대한 배움, 지속되는 업적에 어떻게 연결 지을 수 있을까?

그것은 어렵지 않다. 사업은 재정적 자유를 가져다주고, 따라서 자신의 삶을 최대한 풍성하게 살도록 통제할 수 있게 해준다. 사업을 성공적으로 키우다 보면 지금껏 알지 못했던 자신의 숨은 재

주를 발견하는 데도 도움이 된다.

그리고 성공적인 사업을 이루다 보면 세상에 뭔가를 기여하게 되고, 비록 작은 사업이라도 어떤 조직을 구성하는 것만으로도 큰 업적을 이루었다고 볼 수 있다.

다이어트의 경우는 어떨까? 자신의 몸을 돌보는 이 사소한 일을 어떻게 그런 원대한 꿈과 연결 지을 수 있을까?

이것도 역시 어렵지 않다. 건강한 사람만이 자신의 삶을 통제할 수 있다. 몸에 병이 나면 누가 내 삶의 주인이고 종인지 금방 알 수 있다. 다이어트를 시작해보라. 유혹이 생길 때 어떤 기분이 드는지 경험해보면 자신에 대해 많은 것을 배울 수 있다.

뭔가 지속되는 것을 이루고 싶은가? 자기 몸을 일시적이 아니라 영구적으로 변화시킨다면 이는 이미 지속적인 성취를 이룬 것이라 할 수 있고, 더 나아가 신체의 변화가 정신에 얼마나 강한 영향을 끼치는지도 발견할 수 있다.

평범한 사람

"람보르기니 선생님, 당신은 어떤 타입의 사람입니까?"

"무언가를 새로 만드는 걸 좋아하는 평범한 사람입니다. 아침에는 열심히 일하는 사람, 그리고 저녁에는 여유롭게 즐기기를 좋아하는 사람입니다."

페루치오 람보르기니 Ferruccio Lamborghini, 람보르기니의 창립자

사람들은 흔히 크게 성공한 사람은 일반인과는 너무 다른 예외적인 인물이어서 자신은 결코 그 절반도 따라가지 못할 거라고 생각한다. 그러나 사실은 세계적인 명성을 가진 사람이라도 우리와 크게 다른 것이 없다.

세계에서 가장 많은 사람들이 갖고 싶어 하는 스포츠카 람보르기니를 만든 페루치오 람보르기니는 수많은 성공한 사람들과 마찬가지로 자신을 그저 평범한 사람이라고 표현한다. 새로운 것을 만들기를 좋아하고, 열심히 일하고, 일을 마친 뒤에는 즐겁게 여가시간을 가진다는 것이다.

성공한 사람들은 나와 다른 세상에 살고 있을 거라는 생각은

자기계발에 방해가 된다. 그들의 업적은 그들만의 세상에서나 가능하고 나와 같은 평범한 사람에게는 해당되지 않는다고 생각하기 쉽지만, 대부분의 사람들은 성공하기 전까지 일반인과 크게 다르지 않았다.

스타를 보며 사람들은 감탄한다. 그러나 그들도 성공을 떠나서 보면 우리와 같은 인간임을 기억해야 한다. 어느 한 분야에서는 매우 뛰어나지만 다른 분야에서는 그렇지 않을 수도 있다. 그들의 성공은 특별한 재주나 자원이 있어서라기보다 꾸준한 노력의 결과인지도 모른다.

자신이 결심한 바를 열심히 실천하고 발전해간다면 당신도 같은 수준의 업적을 달성하지 못하리란 법은 없다.

나에게 주어진 모든 시간이

인생을 바꿀 수 있는 기회다

5

모험정신

"많은 사람들이 행복하지 못한 지금의 생활에 불만을 갖고 있음에도 상황을 변화시키려는 시도를 하지 않는다. 안전하고 익숙하고 늘 그래 왔던 생활에 맞춰 살도록 프로그램되어 있기 때문이다. 이러한 삶은 마음에 평화를 안겨주는 것 같아 보이지만, 사실 모험정신에는 안전한 미래보다 더 위험한 것은 없다. 삶에 대한 인간 의지의 핵심은 바로 모험에 대한 열정이다. 삶의 즐거움은 새로운 경험을 맛보는 데서 온다. 따라서 무수히 많은 지평선을 찾아 날마다 다르게 떠오르는 태양을 바라보는 것보다 더 큰 즐거움은 없다."

존 크라카우어 Jon Krakauer, 미국의 산악인, 작가

권태가 위험한 이유는 단지 재미없어서가 아니라 내가 지금 현실에 안주하고 있음을 방증해주는 것이기 때문이다. 이것은 삶에 있어서 최악의 안전함을 뜻한다.

현재 자신이 가진 것에 만족하고 있다는 것은 좋은 일이다. 하지만 판에 박힌 지루한 생활 스타일이 몸에 굳어져 지금의 안락한 생활에 조금이라도 변화가 생길 것을 두려워하는 상태가 된다면

더 큰 즐거움과 자기발전의 기회를 놓치고 만다.

모험은 삶의 청량제 구실을 한다. 새로운 경험이 없다면 삶은 지루하고 더 이상의 발전도 없을 것이다. 권태를 느낄 때는 삶에 변화를 주고자 하는 노력도 귀찮아지고, 점점 발전하기는커녕 퇴보하게 될 뿐이다.

할 수 있는 한 자주 새로운 모험에 나서라. 모험과 새로운 경험에는 여행보다 더 좋은 것이 없지만, 모험이 있는 삶을 위해 매주 내가 사는 동네를 떠나야 할 필요는 없다. 흥미로운 새 기술을 배우는 것도 모험 그 자체가 될 수 있다. 가까운 자연으로 하이킹을 떠나거나 야외에서 텐트를 치고 밤을 보내는 것 또한 판에 박힌 지루한 삶에서 빠져나올 수 있는 훌륭한 모험이다.

정말 모험다운 모험은 약간의 불편함과 위험을 동반하기 때문에 극기력을 기를 수 있는 기회가 되기도 한다. 지금 당장 새로운 모험을 계획해보라.

매 순간의 변화

"현재는 과거와 미래를 품고 있다. 변화의 비결은 바로 이 순간을 어떻게 다루느냐에 있다."

틱낫한 Thich Nhat Hanh, 베트남의 승려

지금 이 순간을 어떻게 보내든 별로 중요하지 않다고 생각될지 모르지만, 사실 모든 순간은 인생을 바꿀 수 있는 기회다.

그 기회는 단 하나의 결정에서 시작된다.

당신은 어쩌면 이 책을 읽으면서 어떻게 하면 기타를 배울 수 있을까, 하는 생각을 하고 있을지 모른다. 책을 덮고 매장으로 가서 기타를 사고 연습을 시작하기로 결정할 수 있는 순간은 바로 지금 이 순간이다.

지금 이 순간, 당신은 주변에 있는 과자 한 봉지를 보고 그것을 다 먹어치우는 대신 쓰레기통에 던져버릴 수도 있다.

이와 같이 하루를 보내는 동안 내리는 사소한 선택들이 미래를 좌우한다. 나쁜 습관은 거듭할 때마다 더더욱 나쁜 습관으로 굳어

지고, 좋은 습관은 거듭할수록 앞으로도 계속 그 좋은 습관이 되풀이되도록 만든다.

우리의 변화는 미래에 일어나는 것이 아니라 바로 지금 이 순간에 일어나고 있다. 당신은 지금 올바른 방향으로 변화 중이라고 확신할 수 있는가?

실패를 통해 배우기

"실패를 경험하면 대부분의 사람들은 그 원인을 자기 힘으로 어떻게 할 수 없는 외적인 것에서 찾으려고 한다. 그렇게 함으로써 훗날 같은 일을 하게 되어도 최선의 노력을 기울이겠다는 동기가 훨씬 약해지고 만다."

브래들리 R. 스타츠 Bradley R. Staats, 노스캐롤라이나대학 교수

실패는 흔히 목표를 달성하는 데 도움이 되는 귀중한 피드백을 제공해준다. 그러나 안타깝게도 많은 사람들이 실패의 원인을 운이나 환경 등 외적인 것에서 찾으려 하다가 이 피드백을 얻을 수 있는 기회를 놓치고 만다.

자신이 한 행동에서 근본적인 원인을 찾는 대신 자기 힘이 미치지 않는 외부적인 것에서 그 원인을 찾으려 하다 보니 다음에 같은 일을 당해도 자신이 할 수 있는 최선의 노력을 다해야 한다는 생각은 하지 못하고 오히려 같은 실수를 거듭거듭 되풀이하게 된다.

이런 태도를 가지고 있으면 한번 실패할 때마다 노력하고 싶다

는 의욕이 점점 줄어들기 때문에 쉽사리 포기하게 되거나 세상에 대한 원망만 쌓여간다.

하지만 실패에 대한 책임은 세상에 있는 것이 아니라, 실패에서 배우려는 노력을 하지 않은 자신에게 있다. 자기 자신이 어떻게 할 수 없는 외적인 것이 아니라 자기가 한 행동에서 실패의 원인을 찾아야 한다.

설사 실패의 직접적인 원인이 외적인 것에 있었다 해도, 그런 결과가 나올 가능성을 높이는 실수를 내가 저지르지 않았다고 장담할 수 없다. 자신의 이런 실수를 찾아내려 노력하는 것이 실패를 통해 배우는 자세다.

새로운 도전에 허기진 사람

"늘 허기가 진 사람이어야 한다. 끊임없이 성공에 허기지고, 뭔가를 이루고 싶어 허기지고, 남들에게 영향력을 행사하고 남들이 존경하고 귀기울이는 사람이 되고 싶어서 허기져야 한다. 정상으로 올라 성공하게 되면 그 뒤에는 다른 사람들을 돕는 데에 허기져야 한다. 승리의 월계관에 안주해서는 안 되니까."

아널드 슈워제네거 Arnold Schwarzenegger. 영화배우. 전 캘리포니아 주지사

성공에 따르는 가장 큰 위험요소 중 하나는 그동안 쏟아부었던 의지력과 투지와 같은 성공 허기증을 잃어버리고 마는 것이다. 그 결과 열심히 노력해서 얻은 성공이 물거품이 되어버리는 위험에 빠지게 된다.

이런 상황에 처하고 싶지 않다면, 일단 성공을 이루고 난 뒤에는 또다시 새로운 도전에 허기진 사람이 되어야 한다. 그러기 위해 좀 더 원대한 목표를 세울 수도 있고, 보다 의미 있는 일을 찾아 나설 수도 있다.

끊임없이 근질근질한 부분을 찾아 긁어주듯 새로운 것을 발견

하고 더 많은 것을 배워야 한다.

　항상 허기진 부분을 찾아야 한다고 해서 자신이 이미 가진 것에 만족하지 말라는 뜻은 아니다. 자기가 가지고 있는 것에 불만을 품고 계속하여 당근을 쫓아가라는 말이 아니고, 내가 가진 것에 감사하고 지킬 줄 알면서도 더 크게 인생을 살아보라는 것이다.

　편안함에 안주해서 더는 도전이 필요치 않다는 안이한 생각에 젖는 것을 경계해야 한다. 안주하는 순간부터 어렵게 얻었던 성취, 습관, 태도는 물론 지금의 편안함도 결국은 소멸을 향해 녹슬어 가게 된다.

안주 영역

"사람들은 현실에 안주하기 위해 할 수 있는 모든 일을 한다. 뭐라도 성취하고 싶으면 이렇게 현실에 안주하는 자세를 버려야 한다. 보다 절제하고 보다 정돈된 삶을 살도록 노력해야 한다. 절제는 대개 자신이 하고 싶은 것과 정반대의 행동을 하는 것을 의미한다."

데이브 케키치 Dave Kekich, 맥시멈 라이프 재단 CEO

불편하거나, 겁이 나거나, 귀찮은 일은 무조건 피하며 현실에 안주하는 삶을 살고 있으면서 마음속으로는 지금과 다른 보다 나은 삶을 꿈꾸는가? 이제부터는 조금씩 자신의 '안주 영역'을 벗어나려는 시도를 해보기 바란다. 이 영역 밖으로 벗어나는 모험을 계속 시도하다 보면 탄력이 붙어서 마침내는 크게 발전된 모습을 갖게 된다.

안주 영역을 벗어나기 위한 작은 모험의 예로는, 좀 더 힘든 운동에 도전한다거나 졸음이 올 때 오히려 더 오래 운동을 하는 것 등을 들 수 있다.

보다 큰 모험으로는 고소공포증을 극복하기 위해 스카이다이

빙을 하거나, 따뜻하고 편한 침대만 찾는 자신을 변화시키기 위해 산으로 캠핑을 떠나거나, 사람들 앞에 서면 얼어붙는 약점을 고치기 위해 대중연설법을 배우는 등의 시도가 있을 수 있다.

자신의 안주 영역을 벗어나는 것은 분명 불편함과 어려움이 따르는 일이다. 하지만 장기적으로는 인생에 큰 배당금을 돌려주는 투자다.

스스로 불편함에 몸을 맡기고 자신의 두려움과 정면 대결하는 일을 빼놓을 수 없는 삶의 한 부분으로 받아들여 보자. 안주 영역을 벗어나는 것보다 인생에 더 도움 되는 일은 없다.

정신적인 탄력성

"잃어버린 것은 다른 형태로 돌아오기 마련이니 슬퍼하지 마라."

잘랄루딘 루미 Jalaluddin Rumi, 이란의 시인

정신적인 탄력성의 본질은, 우리에게 일어난 나쁜 일이 훗날에는 덕이 되어 돌아올 수도 있다는 믿음이다.

사업이 부도가 났을 때, 취업에 실패했을 때, 혹은 연인과 헤어지거나 다이어트에 실패했을 때, 이것을 '불행을 가장한 축복'으로 받아들이기는 쉽지 않다. 사업이든, 직장이든, 연인이든, 보다 건강한 자신의 모습이든, 뭔가 소중한 것을 잃었을 때 낙담하지 않는다는 것은 누구에게나 힘든 일이다.

그러나 자신에게 일어난 일을 인정하고 받아들인 후에 그것이 나중에 덕이 되어 돌아온다는 믿음을 가지면 그 후유증을 딛고 일어서기가 더 수월해진다.

연인과 헤어졌다면 그것은 더 좋은 사람을 만나기 위해 필요한 과정인지도 모른다. 사업이 부도가 났다면 자원을 확보해서 보다 더 나은 아이디어에 집중하게 될 수도 있다. 다이어트에 실패했을

때는 그것을 경험 삼아 새로운 식습관을 찾고, 이번에는 보다 더 쉽게 몸관리를 할 수 있게 될지도 모른다.

어려운 일을 당할 때마다 거기서 새로운 경험과 교훈을 얻을 기회로 여겨야 한다.

좀 더 가벼운 실패로부터 정신적 탄력성을 키우는 연습을 해보라. 차분하고 담담하게 더 어려운 일을 견디고 이겨내는 데는 시간과 경험이 필요하기 때문이다.

매일 감사하는 마음으로

"감사하는 마음을 꾸준히 경험하다 보면 삶의 다른 부분에서 보다 더 자기통제력을 발휘할 수 있게 된다."

데이비드 데스티노 David DeSteno, 미국의 심리학자

연구에 의하면 매일매일 감사하는 마음이 자기통제력을 향상시킨다고 한다.

데이비드 데스티노는 낯선 사람이 베풀어준 친절과 같이 사소하고 일상적인 것들에 감사하는 마음을 갖는 것이 충동성에 대한 예방주사가 된다고 설명한다. 즉 자기통제력을 향상시키고 보다 미래지향적인 사람으로 만들어준다는 것이다.

아울러 항상 감사하는 마음을 가지다 보면 보다 긍정적인 사람이 될 수 있고, 결국 어려움에 부딪혀도 이를 헤치고 목표를 향해 나아가는 데도 도움이 된다.

매일 아침 혹은 저녁마다 다섯 가지 사소한 일상에 감사하는 마음을 가져보자. 아름다운 지구도 좋고, 화창한 날씨, 건강하고 맛있는 음식, 혹은 지금 하고 있는 일도 좋다. 삶을 아름답게 해주는 이런 사소한 것들에 일상적으로 감사함으로써 보다 행복하고 정신력이 강한 사람이 될 수 있다.

걷기 운동

"진정으로 위대한 사상은 모두 걷는 도중에 잉태되었다."

프리드리히 니체 Friedrich Nietzsche, 독일의 철학자

걷기는 누구나 쉽게 할 수 있는 운동일 뿐만 아니라, 창의성과 문제해결력을 길러주는 훈련이 되기도 한다. 일과 중에 단 15분만이라도 걷기를 포함시키는 것은 매우 긍정적이며, 복잡한 도심의 환경을 떠나 자연 속을 걷는 것은 더더욱 좋다.

특히 최근에 골치를 썩고 있는 문제가 있거나 정신을 집중해서 중요한 팟캐스트를 들어야 할 때는 책상에 앉아 있기보다 산책을 나가는 편이 훨씬 나은 선택일 수 있다.

이처럼 생활 속의 조그맣고 수월한 습관이 의외의 결과를 가져다줄 수 있다.

걷는 활동은 몸을 움직이게 하고, 재충전의 시간이 되며, 머리를 많이 쓰는 일을 하는 사람에게는 훌륭한 사색의 시간이 되어주기도 한다. 특히 정신 집중이 어려운 일상생활 속에서는 해결할 수 없었던 어려운 문제도 산책을 하는 과정에서 의외로 쉽게 해결책이 떠오르기도 한다.

자아상

"우리의 행동은 마음속에 갖고 있는 자아상과 언제나 일치한다."

브라이언 트레이시 Brian Tracy, 동기유발 전문 강연가, 베스트셀러 작가

우리의 자아상은 자기훈련뿐 아니라 우리 삶의 거의 모든 것에 직접적인 영향을 미친다.

자신을 게으른 사람이라고 생각하는 사람이 생산적인 행동을 할 가능성은 얼마나 될까? 어떤 생산적인 활동을 고려하다가도 자신이 그리는 자기 모습에 부합하지 않는다는 생각이 드는 순간 쉽게 포기해버릴 수 있다.

반면 마음속으로 자신이 생산적인 사람이라고 믿는 이들은 거기에 맞는 행동을 할 때 기분이 좋아지고, 반대로 게으름을 피우려 들 때는 뭔가 자신의 모습과 충돌되는 것을 느끼고 멈칫하게 된다.

부정적인 자아상은 우리의 변화를 방해하고, 긍정적인 자아상은 선순환을 만들 수 있다.

그러니 사업을 시작하고 싶을 때는 자신을 이미 사업에 실패해

본 적이 있는 사람처럼 여기는 대신, 사업 경험이 풍부한 사람으로 이미지를 떠올리는 것이 좋다. 마찬가지로 자기 자신을 의지가 빈약한 사람이라고 생각하지 말고, 자기훈련을 간절하게 추구하는 사람이라고 이미지화하도록 하라.

이처럼 내가 생각하는 나라는 사람에 대한 의견을 바꾸면 목표에 이르기 위한 실천행동이 보다 수월해진다.

가벼운 지갑 탓

"행복한 삶을 가꾸는 데는 철저한 자아성찰과 단호한 선택이 필수적임에도 사람들은 '내가 돈만 많았어도……'라는 말로 쉽사리 그것을 다음으로 미루어버린다."

팀 페리스 Tim Ferriss, 《나는 4시간만 일한다》의 저자

"돈이 없으니까"라는 말은 목표를 향한 노력을 하지 않을 때 쉽게 써먹는 변명이다. "난 돈이 없어서 운동을 시작하지 못해. 헬스 장비는 무척 비싸니까." "난 돈이 없어서 저축을 할 수 없어. 돈이 없는데 어떻게 저축을 해?" "난 돈이 없어서 건강식을 먹지 못해. 몸에 좋다는 음식은 다 너무 비싸니까."

돈이 많지 않으면 건강해지는 것이 과연 불가능한 일인가? 헬스 산업의 마케팅 전략은 비싼 기구를 사야지만 날씬해질 수 있다고 믿게 만드는 것이지만, 많은 사람들이 비싼 운동기구의 도움 없이도 운동을 한다.

긍정적인 습관을 기르기 위해 하루에 단돈 천 원씩이라도 절약하고 저축하는 것이 정말 힘든 일일까? 자신이 구매하는 모든 것

이 정말 단 한 가지도 없어서는 안 될 물건들인가?

건강식품은 정말 정크푸드보다 모두 다 비쌀까? 오래된 나쁜 식습관으로 인해 고혈압이나 당뇨 약을 복용해야 하는 사람들에게 물어보라. 과연 정크푸드를 사 먹는 것이 보다 경제적인 선택이었는지. 건강을 위해 반드시 유기농 제품을 섭취하거나 비싼 식품점에서 구매해야 할 필요는 없다.

돈을 핑계로 삼는 것은 해결책을 구하기보다 정신적인 나태함에 굴복하는 태도일 뿐이다. 지금 당장은 정신적, 육체적 수고를 피하게 해주지만 보다 나은 앞날을 기약할 수 없고 피해의식만 심어줄 뿐이다.

내 앞을 가로막는 사람

"때로는 누군가가 내 앞길을 가로막고 내 일의 진전을 더디게 한다는 느낌이 든다. 그러나 실제로 내 앞을 가로막고 있는 사람은 바로 나 자신이다. 다른 사람은 나를 잠시 멈추게 할 수 있을 뿐이지만, 나는 내 앞길을 영구적으로 막을 수 있는 사람이다."

지그 지글러 Zig Ziglar, 세계적인 강연가, 《정상에서 만납시다》의 저자

자신의 삶을 긍정적으로 변화시키고 싶은데 누군가의 방해를 받게 되면 노력에 대한 결과가 나오지 않은 것에 대해 그들 탓으로 돌리고 싶어진다. 하지만 타인은 나의 노력에 일시적인 영향을 줄 수 있을 뿐, 결국 나의 꿈을 산산조각 박살 내 버릴 수 있는 사람은 바로 나 자신이다.

궁극적으로 다른 사람의 행동이 나 자신과 내 목표에 어떤 의미를 지니고 있는지를 판단하는 사람은 나 자신이다. 누군가가 방해공작을 벌일 때 그것을 포기의 변명거리로 삼을 수도 있고, 성공을 위해 넘어야 할 장애물일 뿐이라고 여길 수도 있다.

다이어트에 실패했다고 친구들이 놀리면 힘이 빠지겠지만, 오히려 그것을 더 분발할 수 있는 계기로 삼는 것은 바로 나 자신이

할 수 있는 일이다.

나의 꿈을 실현하려고 하는데 남들이 이를 방해하거나, 내 능력을 무시하거나, 혹은 헛된 꿈에서 깨어나라고 말해도, 나의 꿈에 대한 남들의 생각은 중요치 않다. 내가 생각하는 내 목표의 실현가능성이 더 중요하다.

나는 결코 사업에 성공하지 못할 거라고 의심하는 사람이 있다면 물론 거기에 신경이 쓰일 것이다. 하지만 다른 사람이 그렇게 말한다고 해서 나 자신의 성공을 의심하게 되는가? 이는 내 능력에 대한 믿음보다 그 사람들의 말을 더 중요하게 여길 때만 가능한 일이다.

꿈을 실현하는 과정에서 다른 사람의 도움이 필요할 때가 있다. 그런데 그들이 앞길을 가로막고 있는 것처럼 느껴질 수 있다. 이런 경우에도 진정으로 자신의 앞길을 가로막고 있는 것은 다른 사람이 아니라 나 자신이다. 장애물에 부딪히면 완전히 다른 대안을 구하거나 다른 접근법을 찾아낼 수도 있기 때문이다.

타인이 내 일의 진척을 더디게 만들 수는 있지만, 그렇다고 해서 나 자신에게 아무런 힘이 없는 것은 아니다. 누군가가 내 가는 길을 가로막고 있다면 그 사람을 뛰어넘든지, 밑으로 기어서 가든지, 아니면 옆으로 돌아서 나아가면 된다.

바보 같아 보이기

"없는 대답을 찾아가는 동안은 바보 같다는 소리를 들어야 한다."

댄 월드슈미트 Dan Waldschmidt, 미국의 사업전략 컨설턴트

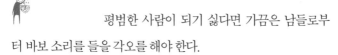 평범한 사람이 되기 싫다면 가끔은 남들로부터 바보 소리를 들을 각오를 해야 한다.

사업을 시작한다고 주변 사람들에게 큰소리를 쳤다가 결국 파산하고 재산을 다 날려버릴 수도 있다. 군중 앞에 서면 벌벌 떠는 자신의 약점을 극복해내려고 수없이 연습하고 용감하게 강연에 나섰지만 결국 조롱거리밖에 되지 못할 수도 있다.

성공으로 가는 길에 이런 경험은 당연한 일인데도 불구하고 많은 사람들이 이를 핑계로 노력을 그만두고 만다. 가슴 깊이 상처를 받고 같은 모욕을 두 번 다시 당하지 않겠노라고 마음먹으며 자신의 목표 자체를 포기해버리는 것이다.

실패, 거절, 모욕을 좋아할 사람은 없다. 하지만 그런 것을 견뎌내고 끈기 있게 추진해나가는 능력이야말로 성공적인 사람과 실패하는 사람을 가름하는 결정적인 변수다.

남들로부터 바보 같다는 소리를 들으면 그것을 성공으로 가기 위한 필수적인 과정으로 받아들이도록 하라. 다행스러운 것은 거절이나 모욕, 실패 등을 자주 경험하다 보면 나중에는 그런 것도 받아들이기가 더 수월해진다는 것이다.

달 착륙 작전

"우리가 10년 안에 달에 착륙하고 그 외 여러 가지 사업을 실행하려는 것은 그것이 쉬운 일이기 때문이 아니라 어려운 일이기 때문이다."

존 F. 케네디 John F. Kennedy, 미국 제35대 대통령

이율배반적으로 들릴지 몰라도 힘들게 살면 삶이 수월해지고, 어려운 것을 피해 가면 삶이 오히려 고달파진다. 인생을 살아가면서 쉽게 얻은 것은 더 빨리 사라지고, 삶에서 큰 비중을 차지했던 일들은 더 오래 남는다.

예를 들어 체중을 2kg 정도 줄이고 싶다면 단 2주일 정도 평소보다 적게 먹으면 이 목표에 쉽게 도달할 수 있다. 하지만 이것으로는 근본적인 과체중 문제를 해결하지 못할 뿐만 아니라 다시 금방 예전의 체중으로 돌아가기 쉽다.

하지만 1년의 기간을 두고 20kg의 체중을 줄이겠다는 목표를 세우면 보다 영구적인 변화가 필요하다. 평소의 식습관을 바꾸고 문제의 근본 원인을 밝혀서 영구적인 솔루션을 찾아내야 한다.

대담한 목표는 삶을 전환시켜주지만, 안전하고 쉬운 목표는 크게 볼 때 실질적인 변화를 가져다주지 못한다.

의심해보기

"누구에게나 돌파구는 신념의 변화로부터 시작된다. 그럼 어떻게 변화해야 할까? 가장 효과적인 방법은 예전의 믿음이 큰 고통과 연결되도록 뇌를 훈련시키는 것이다. 그 옛 믿음이 과거에 내게 고통을 안겨주었을 뿐만 아니라, 현재에도 자신을 괴롭히고 있고, 분명 미래에도 내게 고통을 가져다줄 것이라고 뼛속 깊이 절절이 느낄 수 있게 해야 한다."

토니 로빈스 Tony Robbins, 동기부여 전문가, 강연가이자 작가

나의 나쁜 습관과 신념이 나의 적이었음을 인식하지 못하면 절대로 스스로를 바꿀 수 없다.

버려야 할 옛 습관이나 믿음이 있다면, 그러한 것들이 지금까지 나와 내 인생에 어떤 고통과 손실을 줄기차게 가져다주었는지 곰곰이 생각해보라. 떨쳐버리고 싶은 그 옛 습관과 믿음으로 인해 무엇을 잃었고, 지금 무엇을 잃고 있으며, 그대로 두면 앞으로 무엇을 잃게 될지 따져보라.

그러한 것들이 나와 내 인생에 얼마나 결정적인 영향을 끼치는지를 절실하게 깨닫게 될 때, 비로소 우리는 변화를 시도할 각오를 다질 수 있다.

미지의 심연

"인생을 크게 한바탕 바꾸는 일은 한겨울에 냉수욕을 하는 것과 같다. 처음 뛰어들 때는 누구나 망설이게 되기 때문이다."

레티샤 엘리자베스 랜던 Letitia Elizabeth Landon, 영국의 시인

삶이 크게 변화하는 순간, 주저하게 되는 것은 당연하다. 알지 못하는 일을 앞두고 있으면 두려움을 느낄 수밖에 없다. 그 미지의 심연은 바라보고 있을수록 더욱 겁이 나고, 뛰어들기는 점점 더 어려워진다.

삶의 큰 변화는 냉수욕과 같은 것이라고 생각하면 도움이 될 수 있다. 물이 얼마나 차가울까 걱정하는 시간을 줄일수록 실행에 옮기기가 더 쉬워진다.

예컨대 달리기를 할 때는 얼마나 힘들까 걱정하는 대신 무조건 운동화를 신고 집을 나서도록 하라. 그 시간이 길어질수록 더 주저하게 되고 내면의 의지력은 점점 더 약해지기 때문이다.

집 정리를 할 때 잡다한 물건들에 대한 애착으로 선뜻 내다 버리지 못하는 마음을 이런 방식으로 극복할 수도 있다. 오래된 물

건 가운데는 간직할 만한 가치가 있는 것도 있지만, 어떤 이들은 핑계를 찾으며 아무 쓸모가 없는 물건까지 집에 쌓아두려 한다. 이럴 때 유용한 방법은 자신에게 단 3초의 시간 여유를 주는 것이다. 그 물건을 간직하는 것을 합리화해줄 소중한 추억이 3초간 떠오르지 않는다면 미련 없이 버리도록 하라.

누군가에게 어려운 전화를 해서 불편한 대화를 해야 할 때도 오래 주저할수록 전화하기는 더욱 겁이 난다. 시간을 끌지 않고 빨리 뛰어들수록 초조함을 덜 겪어도 될 뿐 아니라 더 효과적으로 상황을 해결할 수 있다.

전부 아니면 전무

"전부 다 갖든지 아니면 모든 것을 다 포기하는 식의 마인드를 버리려면 약간의 차질을 허용하는 여유를 가져야 한다. 자신의 건강과 안녕을 챙기는 과정에서 누구나 일시적인 실패를 경험할 수밖에 없다. 그러나 사소한 실패를 긍정적으로 다룰 줄 알아야 그 실패에 따르는 장기적인 파괴효과를 최소화할 수 있다. 한 번의 차질은 한 번의 차질일 뿐이다. 그것은 세상의 종말도 아니고, 보다 나은 자신을 향한 여정의 끝도 아니다."

질리안 마이클스 Jillian Michaels, 미국의 스포츠 트레이너

사람들은 금방 실현될 성싶지 않은 목표는 아예 노력조차 하지 않으려 한다. 원하는 대로 다 가지거나, 아니면 아예 포기하는 마인드를 가진 사람들이 많이 있다.

섹시하고 탄탄하고 아름다운 몸매를 갖거나, 그렇지 못하다면 아예 시도조차 하지 않거나. 실리콘밸리 대기업이 지원해주는 화려한 벤처사업을 시작하거나, 그게 안 된다면 아무것도 하지 않거나. 그리고 완벽한 댄서가 될 수 없다면 아예 춤을 배우지도 않겠

다는 태도다.

이런 태도에는 딱 한 가지 결과만이 남는다. 무엇을 해도 즉시 완벽한 결실을 얻지 못할 바에야 차라리 아무것도 하지 않는 것, 심지어 일단 시작을 해도 한 번 차질이 생기면 단념하고 더 이상의 노력을 포기해버리는 것이다. 한 번 실패했으니까, 절대 완벽할 수 없으니까 아예 노력 자체를 하지 않는 것이다.

누구든 그 분야에서 빼어난 능력을 발휘하게 되기까지는 수많은 실패를 경험한다. 태어날 때부터 뭐든 잘하는 사람은 없다. 누구나 성공에 이르기까지는 넘어지고 실패도 경험하기 마련이다.

목표를 향해 가는 길에서 작은 실수로 좌절감을 느끼게 되었을 때는 이 점을 기억하라. 자신의 결심은 90%의 노력으로 지켜내고, 나머지 10%는 실수를 위한 여백으로 남겨두어야 한다는 것이다. 그렇게 하면 몇 번의 실수 때문에 목표를 향한 노력을 완전히 접어버리는 잘못을 피할 수 있다.

거꾸로 짚어 가기

"시나리오 작가가 글을 잘 쓰는 요령은 거꾸로 작업하는 것이다. 즉 종결 부분부터 쓰기 시작하는 것이다. 영화 시나리오는 클라이맥스 부분부터 먼저 처리한다. 레스토랑을 오픈한다면 손님이 들어와서 식사를 할 때 어떤 경험을 선사하고 싶은지, 거기부터 시작하면 된다."

스티븐 프레스필드 Steven Pressfield, 영화 〈300〉의 원작소설 《불의 문》을 쓴 작가

새로운 목표를 정할 때는 어느 정도의 저항감을 느끼게 된다. 목표에 도달하기까지 어떤 과정을 거쳐야 할지 좀처럼 파악하기가 힘들기 때문이다.

하고 싶은 일은 있는데 어디서, 무엇부터, 어떻게 시작해야 할지 갈피를 잡지 못하고 다람쥐 쳇바퀴 돌듯 제자리걸음만 하고 있는가? 그렇다면 전혀 다른 방향에서 시작해보라. 자신이 목표에 이미 도달한 것으로 상상하고 거기서부터 거꾸로 짚어 가보는 것이다.

그 목표에 도달하기 위해 어떤 고생을 감내해야 했는가? 어떤 것을 하고 싶은데도 참아냈는가? 목표를 성공적으로 이룬 후 하

루하루가 어떻게 달라졌는가? 어떤 신념을 갖게 되었는가? 뜻하던 바를 이룬 기분은 어떠한가? 여기서부터 거꾸로 짚어 가도록 하라.

전체 과정을 조목조목 세분화하여 최종 목적지에 도달하기까지 취해야 하는 모든 행동을 리스트로 작성해보라. 그러면 계획이 보다 수월해진다.

에너지의 기복

"성공은 물론 살아남기 위해서라도 활동과 휴식을 번갈아 해주는 것이
필요하다. 능력, 흥미, 정신력은 차고 기우는 것이다. 거기에 맞춰서 계
획을 짜야 한다."

팀 페리스 Tim Ferriss, 《나는 4시간만 일한다》의 저자

늘 최상위의 에너지 상태를 유지하면 좋겠지
만, 아쉽게도 에너지는 오르락내리락하는 것이다. 어떤 때는 결심
이 굳었다가 어떤 때는 해이해진다. 어떤 때는 자신이 추구하는
일에 깊은 관심을 느끼지만, 어떤 때는 지루해져서 그만 포기하고
다른 걸 하고 싶어진다.

때로는 평소에 일주일 걸릴 일을 단 하루 만에 해치우기도 하
지만, 때로는 하루 분량의 25% 정도도 못 채울 때가 있다.

자신이 가진 자원의 등락폭에 맞추어서 계획을 짜야 한다. 그
러기 위해서 염두에 두어야 할 것은 유연성을 가지면서 동시에 자
신의 몸을 챙겨주어야 한다는 것이다.

직장에서 힘든 일을 마치고 난 후 한숨 푹 자고 싶은 생각이 들

때에도 반드시 평소와 같은 일정을 그대로 소화해내야 하는 것은 아니다. 물론 그렇게 할 수도 있겠지만 현실적으로 인간은 그렇게 만들어지지 못했다. 자신에게 정직하다면, 피곤하다는 것이 언제 변명에 불과한지, 그리고 어느 때에 내 몸이 보내는 진정한 신호인지 분명하게 구분할 수 있다.

현재의 내가 어떤 행동이나 선택을 뒷받침해줄 수 없는 상태라면 계획을 바꾸는 것을 겁내지 말아야 한다. 몸이 아픈데도 다이어트 계획을 그대로 고집하지는 말아야 한다. 개인적인 급한 문제가 생겼으면 단 며칠만이라도 투잡으로 하던 일을 멈추어야 한다.

인간은 세상의 모든 문제를 항상 어깨에 짊어질 수는 없다. 진정으로 필요하다고 느낄 때는 죄책감을 가질 것 없이 내 육신과 정신을 챙겨주어야 한다.

모방심리

"타인의 좋은 습관과 활력을 보면 따라 하고 싶은 충동을 이용해 자신이 원하는 대로 뇌를 프로그램할 수 있다. 주변에서 모방하고 싶은 롤모델을 찾아보라. 그리고 무단침입, 납치, 스토킹을 제외한 모든 방법을 동원해서 그 롤모델과 최대한 많은 시간을 보내도록 하라. 그의 좋은 습관과 활력이 당신에게 묻어 전염될 것이다."

스콧 애덤스 Scott Adams, 만화 《딜버트》의 작가

연구에 따르면 또래집단에서 받는 압력에 저항하는 것은 정서적 불안감을 초래한다고 한다. 따라서 사람들은 자신에게 득이 되지 않거나 혹은 자기 생각대로라면 하지 않았을 일도 단지 소속된 무리에 어울리기 위해 억지로 하는 경향을 지니고 있다.

대학생들이 잘 놀고 인기 많은 남학생이나 여학생을 모방하려 하는 것은 그다지 바람직하다고 할 수 없지만, 어른들의 경우엔 자신이 닮고 싶은 특징을 가진 그룹을 신중하게 선택하여 이 모방심리를 이용해 자기계발에 박차를 가할 수 있다.

자기훈련을 위한 지름길이 있다면 바로 자기훈련이 잘된 사람들이 모인 그룹의 일원이 되어 그들에게서 받는 압력으로 자신을 변화시키는 것이다. 예를 들어 규칙적으로 운동을 하는 자기훈련이 필요하다면 헬스 그룹에 등록하거나 공원에서 체조하는 그룹에 참여할 수 있다.

벤처사업을 시작하고 성실히 사업에 매진할 수 있도록 자기훈련을 하고 싶다면, 지역 내 사업가들의 네트워크 그룹에 들어가거나 공동 사무실에서 일을 할 수도 있다. 불필요한 물건에 더 이상 많은 돈을 지출하고 싶지 않다면, 절약 노하우를 나누는 토론방에 들어가거나 재정관리와 연관 있는 블로거를 팔로우할 수 있을 것이다.

반대로 자신이 현재 속한 그룹에서 닮고자 하는 특성이 보이지 않는다면(심지어 닮고 싶은 모습과 정반대 되는 특성을 지니고 있다면) 그들이 내 삶에 계속 영향을 끼치도록 과연 이대로 내버려 둘 것인지, 자문해보도록 하라.

변화의 불편함

"변화는 불편함을 반드시 동반한다. 나쁜 것에서 좋은 것으로 변화할 때도 마찬가지다."

리처드 후커 Richard Hooker, 영국 국교회 성직자

집의 인테리어를 다시 하고 싶다면 그에 따른 불편을 감수할 수 있어야 한다. 집을 엉망으로 어질러놓지 않고는 오래된 창문이나 타일, 문이나 부엌 찬장을 새것으로 바꿀 수 없다.

안방에 페인트칠을 다시 하려면 가구를 치워야만 한다. 화장실을 리모델링하려면 친구네 집까지 가서 샤워를 하는 불편도 감수해야 한다.

이런 불편함을 기꺼이 받아들이는 이유는 집을 보다 아름답고 안락하게 꾸미고 싶은 마음 때문이다. 우리의 인생도 리모델링을 하려면 헌것을 버리고 새것을 받아들이는 과정에서 불편함을 감수해야 한다.

평소보다 일찍 일어나려면 짜증이 나고, 안 하던 운동을 시작하면 쉬이 피곤해질 수 있다. 새로운 기술을 익힐 때는 좌절감에

빠질지도 모른다. 변화의 과정이 너무나 불편해서 그냥 포기하고 싶은 유혹을 느낄 때도 있다.

그럴 때마다 자기계발의 과정에는 크고 작은 불편함이 따르기 마련임을 상기하고, 보다 나은 삶을 위해 분발하도록 하라.

전문가

"아마추어들은 항상 영감을 얻을 수 있으면 전문가가 될 수 있다고 생각한다. 전문가들은 영감에만 의존하면 아마추어를 벗어나지 못한다는 것을 안다."

필립 풀먼 Philip Pullman, 영국의 판타지 소설 작가

영감은 목표를 세우고 성취하고자 하는 의욕을 불러일으킨다. 그러나 남들보다 뛰어나고 생산적인 사람이 되려면 영감에만 의존해서는 안 된다.

늘 영감이 끊이지 않고 떠올라 일에 대한 의욕을 불어넣어 준다면 좋겠지만, 현실 세상에서는 영감이 떠오를 때보다 안 떠오를 때가 더 많다. 따라서 하루에 일정한 분량의 일을 정해두고 그 일일 목표를 철저히 따르는 것이 생산적인 전문가가 되는 데 오히려 더 도움이 된다.

아울러 자신에 대한 약속을 포함해서 반드시 약속을 지키는 태도가 중요하다. 힘들어도 마감일을 반드시 지키고, 마감일을 연장하려는 유혹을 떨쳐버려야 한다.

아마추어는 일을 대충 처리하는 반면 전문가는 자신의 분야에서 끊임없이 실력을 갈고닦는다.

새롭고 더 나은 방법이 있는데도 지금 하는 방식에서 벗어나기 귀찮다는 이유로 이를 거부하지 말고, 항상 자신의 생산성을 향상시킬 수 있는 새로운 방법을 강구해야 한다는 것을 잊지 말자.

완전한 내면화

"내가 배우고 있는 것을 다른 사람에게 가르쳐보라. 내가 가르치는 것이 바로 나의 것이다. 나의 일부가 된 것만 다른 사람에게 가르칠 수 있다. 타인에게 새로운 개념을 분명하게 설명하려고 시도할 때 나도 그것을 더 잘 이해하게 되고, 보다 나은 자신을 만들기 위해 내면화할 수 있다. 다른 사람들이 이해하고 자기 삶에 적용할 수 있도록 가르칠 수 있다면, 그러한 것이 바로 진정으로 내가 알고 있는 것들이다."

브라이언 트레이시 Brian Tracy, 동기유발 전문 강연가, 베스트셀러 작가

보다 절제력 있고 자제심이 강한 사람으로 스스로를 단련시키고 싶다면, 자기단련의 과정에서 자신이 배우고 익힌 것을 다른 사람들과 수시로 공유하라.

타인을 가르치는 것은 내 머릿속에 들어 있는 지식을 보다 더 잘 정리하고 내면화할 수 있는 방법이다.

더 나은 삶을 위해 자기수련을 하고자 하는 사람을 만나게 되면 주저 없이 나의 경험을 함께 이야기하고, 더 나아가 그들의 코치나 멘토가 되는 것도 망설이지 마라. 온라인 토론방이나 커뮤니

티에 가입해서 활동하는 것도 하나의 방법이다. 내가 어떻게 목표
에 성공적으로 도달했는지, 어떻게 유혹을 뿌리칠 수 있었는지의
경험을 다른 유저들과 공유하다 보면 그들의 노력에 도움을 줄 수
있을 뿐만 아니라, 나 자신의 성공도 더 잘 지킬 수 있다.

　다른 사람을 가르칠 의사가 없다면 일기를 씀으로써 자기 자
신의 멘토가 될 수도 있다. 내가 배운 것이나 알게 된 것, 결론지
은 것 등을 기록해두면 앞으로 자기발전을 위한 소중한 툴이 되
어준다.

분노

"따끔한 맛을 보여줘야 마땅하다는 생각이 들더라도 화가 난 사람에게는 분노로 맞대응하지 마라. 그 사람의 분노가 나의 분노가 되게 하지 마라."

보디 샌더스 Bohdi Sanders, 무술인이자 베스트셀러 작가

분노는 가장 전염성이 강한 감정이다. 모욕적인 말을 들으면 대부분의 사람들은 참고 받아들이는 대신 거의 자동적으로 똑같은 모욕적인 말로 맞대응하고, 그러다 보면 쉽사리 말싸움으로 번지게 된다.

하지만 자신의 분노를 다스리는 방법을 익히면 자제력을 키우는 데 많은 도움이 된다.

누군가가 자신을 공격할 때마다 맞붙어서 싸우고 싶은 유혹을 이겨내고, 대신 그 상황에서도 웃어넘길 수 있는 점을 찾아내거나, 공격의 화살을 다른 쪽으로 돌리거나, 이도 저도 안 된다면 그 자리를 떠나버리는 것이 자신에게 이득이다.

분노에 분노로 대응하면 얻는 것은 없고 잃는 것은 많다. 분노

를 참지 못할 경우 심하면 직장이나 명예, 중요한 인간관계 등을 잃을 수 있고, 적어도 하루 종일 기분을 망치게 될 것이다.

분노에 맞대응하고 싶은 마음을 참는 것은 쉬운 일이 아니다. 게다가 대부분의 사람들은 공격적인 성향의 사람을 매주 한 번쯤은 마주친다. 그런 사람을 대할 때마다 분노로 대응하고 싶은 마음을 참는 연습을 한다면 자신의 자제력을 향상시키는 좋은 훈련 기회가 될 것이다.

무지

"행동하는 무지보다 더 끔찍한 것은 없다."

요한 볼프강 폰 괴테 Johann Wolfgang von Goethe, 독일의 문호

무지는 게으름의 민낯이다. 적극적으로 지식을 쌓으려 하는 대신 스스로를 교육시킬 기회를 일부러 피해 다녔다는 증거다.

무지는 과실과 부주의를 낳는다. 이 둘은 성공적인 삶을 사는 사람이 포용해야 할 가치관과 정반대에 있는 것이다. 중요한 정보를 무시하고 새로운 것을 배울 기회를 외면하는 것은 스스로 문젯거리를 찾아 나서는 것이나 마찬가지라고 할 수 있다.

예를 들어 재정적 무지의 경우 경제적인 문제를 초래할 수 있다. 파트너가 자신에게서 무엇을 원하는지 배우려 하지 않고 그것을 무시해버리면 관계는 파괴된다. 법에 대한 무지는 교도소행으로 이어질 수 있다. 새로운 기술에 대한 무지, 그리고 현대사회의 첨단 제품들에 대한 무지는 동료들에게 뒤처지는 직장인이 되게 할 수 있다.

무지한 사람이 되기보다 준비되어 있는 사람이 될 것을 선택해야 한다. 덜 아는 것보다 더 많이 아는 쪽을 택해야 한다. 자신의 지식을 끊임없이 넓힘으로써 자기훈련을 다져야 한다.

혹 그 진실이 불편하거나 어려운 문제로 이어질 때라도 스스로 배움을 닦는 것을 멈추지 말아야 한다.

더 중요한 것 가려내기

"성공이 무절제함과 더 많은 것을 바라는 습성에 촉매제 구실을 하여 결국 실패를 초래하고 말았다면, 이에 대한 해독제는 더 적게 바라도록 자신을 길들이는 것이다. 그냥 무턱대고 사양하는 것이 아니라 의도적으로, 목적의식을 가지고, 전략적으로 불필요한 것들을 제거하는 것이다."

그렉 맥커운 Greg McKeown, 리더십 컨설턴트, 《에센셜리즘》의 저자

삶을 단순화하는 것은 노력이 필요한 일이다. 그래서 대부분의 사람들은 무절제하게 보다 많은 것을 원하게 되는 것인지도 모른다.

눈앞에 어떤 일이 보이면 사람들은 무작정 덤벼든다. 큰 힘이 드는 일이라도 얼마만큼의 시간과 노력이 필요한지 곰곰이 생각해보려 들지 않는다. 살다 보면 항상 급하게 처리할 일들이 생기기 때문에 정말 중요한 일에 신경을 쓸 수 있도록 불필요한 일들은 무시해야겠다는 생각을 하지 않는다.

필요하지 않은 일을 하느라 정작 중요한 일을 할 여유가 없는

경우, 이것은 심각한 문제가 된다. 예를 들어 일주일에 한 번 몇 시간씩 대청소를 하느라 운동할 시간과 에너지가 남아나지 않는다면, 이는 분명 이차적인 일 때문에 일차적인 일을 처리하지 못하고 있는 것이다.

자신의 인생을 보다 잘 관리하려면 썩 내키지 않더라도 보다 적게 바라면서 사는 데 익숙해져야 한다. 삶에 무언가를 자꾸 보태려 하지 말고, 보다 중요한 일에 더 많은 시간을 써야 한다.

알이 부화하는 시간

"병아리를 보다 빨리 얻는 방법은 알을 깨는 것이 아니라 알을 부화시
키는 것이다."

에이브러햄 링컨 Abraham Lincoln, 미국의 제16대 대통령

현대사회에는 '시선을 끄는 새로운 방법', '기
적 같은 해결책' 등, 뭐든 문제가 생기면 즉각 해결해준다는 광고
들로 넘쳐난다. 그래서 많은 사람들이 한 가지만 파고드는 대신,
뭔가 새로운 것이 눈에 띄면 그에 혹해 이것저것 즉흥적이고 산발
적으로 시도해보는 쪽을 택한다.

온라인에서 본 계란이 좀 더 빨리 부화할 것 같아서 자신이 가
진 계란을 모두 깨버리고 그 계란으로 교체한다면 과연 더 빨리
원하는 닭 농장을 가질 수 있을까? 수시로 마음이 변하는 사람이
하는 일이란 바로 이와 같은 것이다.

자기훈련에서 중요한 것은 자신이 애초에 생각했던 전략을 꾸
준히 따르는 것이다. 그것은 성공할 수 있는 전략임을 다른 사람
들이 이미 증명한 방법이었다. 그렇기 때문에 선택한 전략인데 더

좋아 보이는 것이 있다고 해서 곧바로 다른 전략으로 갈아타는 것은 일을 스스로 그르치는 길이다.

자신이 노력한 결과를 깨트리는 것으로는 그 무엇도 이룰 수 없다. 많은 사람들을 통해 증명된 전략이라면 중간에 포기하지 말고 최소한 일 년 정도라도 시간을 두고 꾸준히 노력해야 한다.

배우려는 의욕

"몸에서 요구하는 것과 반대되는 것을 먹는 게 건강에 해가 되듯, 배우려는 의욕 없이 공부하는 것은 기억력을 해치고 머리에 집어넣어도 아무것도 남지 않는다."

레오나르도 다 빈치 Leonardo da Vinci, 르네상스 시대의 예술가, 과학자, 사상가

진정으로 배우고자 하는 의욕이 있다면 무엇이라도 학습을 통해 배울 수 있다. 하지만 왜 배워야 하는지 분명한 이유가 없을 때, 심지어 나는 아무런 흥미가 없는데 배울 것을 강요당할 때는 학습을 해도 거의 머리에 남지 않는다.

이유는 간단하다. 인간의 두뇌는 기억할 것과 기억하지 않을 것에 대해 까다롭게 굴기 때문이다.

공부하고 있는 주제보다 벽에 붙어 있는 파리가 더 신기하게 여겨지면, 수업 내용보다 파리가 수업시간 내내 움직인 동선을 더 뚜렷하게 기억하게 된다.

그러므로 새로운 기술을 배울 때는 물론, 무언가를 해보겠다고 결심할 때는 반드시 그에 대한 열망을 지니고 있어야 한다. 불타

는 열망이 없다면 그 어떤 노력도 고생길이 될 뿐이기 때문이다.

　만약 지금 뭔가를 반드시 배워야 하는데 진도가 나가지 않아서 애를 먹고 있다면, 그 주제에서 뭔가 재미있는 부분을 찾아보는 것도 요령이다. 예를 들어 아무리 애를 써도 영문법에 흥미를 느끼지 못한다면 대신 영어의 악센트나 그 외에 좀 더 관심이 끌리는 부분에 학습의 초점을 옮겨볼 수 있다.

때때로 일탈을 허용하기

"습관이 수갑으로 둔갑하게 하지 마라."

엘리자베스 버그 Elizabeth Berg, 미국의 작가

자기계발서 작가 중에, 보다 나은 삶을 가꾸는 데 있어 습관이 핵심적으로 중요하다는 점을 부인할 사람은 없을 것이다. 대부분의 자기계발서에는 훌륭한 습관이 성공을 불러오고 나쁜 습관이 우리를 파괴한다고 적혀 있다.

그렇지만 가끔은 좋은 습관도 족쇄가 될 수 있다.

아침 일찍 기상하는 것은 일반적으로 좋은 습관으로 인정받는다. 하지만 하루도 빠짐없이 이 습관을 지키는 것만을 고집하다 보면 전날 저녁에 배우자의 생일파티가 있어도 늦게 잠자리에 들 수 없는 족쇄가 되어버릴 수 있다.

건강한 음식을 섭취하는 것도 좋은 습관이다. 그러나 정말 먹고 싶은 음식을 가끔 한 번도 즐기지 못한다면 건강한 식습관도 족쇄나 다름없다.

남들보다 뛰어나게 생산적이고 항상 새로운 도전을 찾아 노력

하는 것 또한 좋은 습관이지만, 한 번도 쉬거나 게으름을 피우지 않고 일만 하다 보면 인생의 소중한 경험을 놓치게 되고, 나중에는 에너지가 소진되고 만다.

그러므로 어떤 새로운 습관을 들이고자 할 때는 가끔 예외적으로 일탈을 허용하는 것에 대해서도 고려해야 한다. 자기훈련과 긍정적인 습관도 중요하지만, 인생을 늘 같은 일과만 되풀이하는 로봇처럼 살 수는 없기 때문이다.

절제를 통해 배우는 교훈

"스스로 뭔가를 거절했을 때, 그 거절이 어떤 효과를 불러일으키는지 보기 전에는 그 사람을 제대로 알 수 없다. 스스로를 부정해보기 전에 는 자신을 제대로 알 수 없다. 희생의 제단은 성격의 시험대다."

오린 필립 길포드 Orrin Philip Gilford, 미국의 목사

하고 싶은 것, 갖고 싶은 것을 포기한다는 것은 쉽지도 않을뿐더러 기분 좋은 일도 아니다. 하지만 그러한 것들을 스스로 거부하거나 거절할 때마다 우리는 자제심을 기를 수 있을 뿐만 아니라, 자신의 성격과 본성을 시험해보고 발견할 수 있는 기회도 된다.

뭔가가 갖고 싶지만 스스로 그것을 거절해보면 자신의 삶에서 정말 필요한 것이 무엇인지, 그저 필요하다고 생각했을 뿐인 것은 무엇인지 구별할 수 있다. '꼭 필요하다'고 생각했던 것을 얼마간 갖지 않고 살아보지 않는 한, 그것이 과연 내 삶에서 진정으로 '꼭 필요한 것'이었는지 알 길이 없다.

포근하고 편안한 잠자리가 없이는 살 수 없다고 생각되는가?

산속이나 야영장의 춥고 눅눅한 잠자리에서 며칠 지내보도록 하라. 만약 자신이 그런 잠자리를 견뎌낼 수 있다는 걸 알게 되거나, 심지어 그런 곳에서 자고 일어난 뒤 오히려 충전된 기분이 든다면, 포근하고 편안한 잠자리는 지금까지 생각했던 것처럼 '삶의 필수 조건'이 아니라 '사치 조건'이었음을 깨닫게 된다.

아울러 지금까지 삶에 필수적이라고 생각했던 편안함과 안락함을 스스로 거절해보면 자신이 지금껏 얼마나 그러한 것들에 중독되어 있었는지도 알 수 있다.

잘 포기하는 법

"겁에 질렸을 때 포기하는 것은 위험한 짓이며 손해도 클 수 있다. 포기를 가장 잘하는 사람은 포기하려는 순간 마음속으로 지금보다 더 발전해보리라 결심하는 사람이다. 포기는 나중에 얼마든지 할 수 있다. 그러니 포기하겠다는 결정은 겁에 질린 마음이 진정될 때까지 기다렸다가 하라."

세스 고딘 Seth Godin, 경영 전문가이자 강연가, 베스트셀러 작가

포기하는 사람은 결코 승리할 수 없고, 승리하는 사람은 결코 포기하지 않는다고 사람들은 흔히 말한다. 하지만 때로는 자신에게 도움이 되지 않는 일을 고집스럽게 붙잡고 늘어지는 것보다 포기하는 것이 더 나을 수도 있다.

문제는 어떻게 하는 것이 잘 포기하는 것이냐다. 잘 포기하는 것이란 충동적으로 포기를 결심하지 않고 논리적으로 잘 생각해본 뒤에 결정하는 것이다.

지금 어떤 목표를 세워두고 노력하고 있지만 계속 실망만 거듭되는가? 지금의 노력을 포기할 경우 어떤 파급효과가 있을지 모

든 것을 논리적으로 다 따져보기 전에는 포기하겠다는 결심을 하지 마라. 자신에게 주어진 모든 옵션과 논리적 귀결을 곰곰이 생각해본 뒤에 그래도 포기해야겠다는 결론이 난다면, 그때야말로 '좋은 포기 결정'이라고 할 수 있을 것이다.

지금 이 순간에만 머물지 않는다

오늘 내가 내린 결정은

6

10년 후의 내 모습

"몰입형 VR 장비와 쌍방형 결정보조구를 사용해 자신의 미래 모습을 보여주는 사실형 컴퓨터와 상호작용하는 실험을 해본 결과, 가상의 미래와 상호작용하는 경험을 한 참여자들은 지금 당장의 만족보다는 훗날에 받을 금전적 보상을 선택하는 경향이 높아지는 결과를 보였다."

할 E. 허시필드 Hal E. Hershfield, 뉴욕대 교수

한 연구에 의하면, 미래의 자기 모습을 상상하게 해주는 기술의 도움을 받은 사람들은 훗날의 보상을 위해 지금 당장의 만족을 유보하는 경향이 있는 것으로 나타났다. 예를 들자면 당장 하고 싶은 것을 하기 위해 돈을 쓰기보다는 은퇴 후를 생각해서 돈을 모으는 쪽을 택하는 식이다.

이 연구 결과를 보면 자기단련은 미래의 자기 모습에 공감하는 능력에 영향을 받는다는 것을 알 수 있다. 지금으로부터 10년, 20년, 30년 후의 자기 모습이 분명하게 떠오르지 않는다면 미래의 자신을 위해 지금의 즐거움을 포기하는 것은 쉽지 않을 것이다.

그러므로 가끔은 자신의 미래에 대해 생각해보아야 한다. 지금 나는 몇 년 전에 내가 한 선택에 대해 다행스럽고 고맙게 생각하고 있는지, 스스로 물어보라. 앞날을 준비해야 한다는 생각을 미처 하지 못했던 것이 후회스럽지는 않은가? 오늘 내가 하는 선택은 현재의 나에게만 좋은 것이고 미래의 내 안녕에는 도움이 되기는커녕 오히려 해가 되는 것은 아닌가?

앞으로 10년 후의 내 모습은 지금의 내 모습과 분명 다르겠지만, 나라는 본질은 변함없을 것이다. 10년 후에 지나간 시간을 돌아보며 그때 앞날을 미리 잘 생각해두었던 것을 다행스럽게 여기게 될 것인지, 아니면 지금 당장의 즐거움을 위해 보다 나은 미래를 등한시할 것인지, 그 결정은 내 손에 달려 있다.

순간의 무게

"선택은 한순간이지만, 그 결과는 평생을 간다."

엠제이 드마코 MJ DeMarco, 소프트웨어 엔지니어, 작가

고지방 고칼로리 햄버거를 먹을 것인가, 아니면 건강한 샐러드를 먹을 것인가? 잠자리에서 미적대다가 겨우 제시간에 출근할 것인가, 아니면 새벽 5시에 일어나 부업으로 시작한 일을 처리한 뒤 본업인 직장으로 출근할 것인가?

누군가로부터 거절을 당하면 그것으로 하던 일을 접을 것인가, 아니면 열 번 넘게 거절을 당하더라도 마음을 추스르고 하던 일을 계속 추진할 것인가?

그릇된 결정을 내려 미래를 망치는 것은 단 한순간이다. 별로 중요하지 않을 것 같은 오늘의 결정도 두고두고 미래에 중대한 영향을 줄 수 있다.

그릇된 결정을 한 번 내릴 때마다 다음번 같은 결정을 내리는 데 대한 저항감이 줄어들고, 그런 식으로 그릇된 선택을 계속하다 보면 그것은 결국 자신이 살아가는 방식으로 굳어져버린다.

간혹 한 번씩 햄버거를 먹는다고 해서 체중조절을 위한 노력이 허사가 되는 것은 아니지만, 이처럼 그릇된 선택을 '반복적으로' 할 때 어떤 결과가 나올 것인지를 과소평가하면 이는 나머지 인생에 지대한 영향을 끼칠 수 있다.

편하게 대충 살 것인가, 아니면 철저하게 자기관리를 하며 살 것인가를 두고 결정을 내려야 하는 순간을 맞을 때마다 오늘 내가 내린 결정의 영향은 현재 이 순간에만 머무는 것이 아님을 기억하라. 순간적인 결정이 앞으로 몇 년, 혹은 몇 십 년 동안 그 파장이 이어질 수 있다.

미래를 가능케 하기

"네가 할 일은 미래를 예측하는 것이 아니라 미래를 가능하게 하는 것이다."

앙투안 드 생텍쥐페리 Antoine de Saint-Exupéry, 프랑스의 작가

자신이 생각하는 이상적인 미래를 머릿속에 그려보라. 내 삶의 단 한 가지 분야, 예를 들어 돈 문제에만 초점을 맞추어보면 보다 쉽게 이상적인 미래를 그려볼 수 있다. 아마도 당신은 지금보다 더 여유로운 미래를 상상할 것이다. 다시는 돈 문제로 걱정할 필요가 없는 미래를 원할 것이다.

이제는 생각의 초점을 현실로 옮겨보자. 오늘 내가 한 선택, 어제, 그리고 지난주 내가 한 선택은 내가 바라는 이상적인 미래를 가능하게 해주는 선택이었는가?

이번에는 그 목적지로 통하는 도로를 차를 몰고 달리고 있다고 상상해보라. 톨게이트에 정차할 때마다 자동차는 요금을 지불해야 한다. 내가 원하는 미래를 가능하게 해줄 바른 선택을 했다면 톨게이트의 막대가 올라가고, 그렇지 않으면 톨게이트를 통과하

지 못한 채 그 자리에 발이 묶이게 된다.

　지금 당장 원하는 것을 손에 넣는 선택과 미래를 위해 인내하는 선택 사이에서 고민될 때는 톨게이트 앞에 서 있는 자신을 떠올려 보라. 막대가 올라가 원하는 목적지로 계속 가길 원하는가, 아니면 그 자리에 멈춰 시간을 허비하겠는가?

선택에 따른 결과

"선택의 기회가 주어질 때마다 10년 후라면 어떤 선택을 하게 될지 자신에게 물어보라."

에릭 D. 케네디 Erik D. Kennedy, UX/UI 디자이너이자 강연가

나의 미래를 떠올리는 것은 현재의 나를 훈련시키는 데 도움이 된다. 충분히 상세하게 미래의 자기 모습을 그려볼 수 있다면 상황이 지금과 똑같거나 더 나빠지도록 내버려 둔다는 생각을 더 이상 참을 수 없을 것이다.

10년 후 지금을 되돌아봤을 때 후회하지 않을 결정을 하고 있는지 자문해보는 간단한 실천만으로도 유혹을 피하는 데 도움이 될 수 있다. 물론 항상 그런 것은 아니지만, 그래도 때때로 유혹 앞에서 멈춰 설 수 있다.

당장 필요하지는 않지만 꼭 구입하고 싶은 가구가 있다고 해보자. 지금 이 가구를 사는 데 돈을 쓸 것인지, 아니면 은퇴 후 자금으로 저축할 것인지를 선택해야 할 때, 10년 후를 생각해보면 그 결정은 보다 수월해진다. 10년 후 거의 사용하지도 않으면서 낡아가고 있을 이 가구를 과연 선택하고 싶겠는가.

빚쟁이

"극소수의 사람들만이 이해하는 커다란 역설이지만, 뛰어난 생산력을 자랑하는 사람들은 미루는 버릇과 탐닉하는 버릇이 우리에게 이자를 요구하는 빚쟁이 같은 것임을 잘 알고 있다. 둘 다 당장은 기분 좋고 편한 느낌이 들게 하지만 결국 멀리 보면 인생을 더 힘들게 한다."

로리 베이든 Rory Vaden, 세계적인 자기계발 전략가

미루는 버릇이나 하고 싶은 것을 마음껏 탐닉하는 버릇은 빚쟁이와 같은 것이다. 지금 당장은 어느 정도의 자금을 빌려 숨이 트이는 느낌이 들지 몰라도 이에 속아 넘어가서는 안 된다. 그것은 반드시 갚아야 할 돈일 뿐 아니라 시간이 갈수록 이자까지 낳는 돈이기 때문이다.

지금 당장은 게임에 푹 빠지는 것이 즐거울지 몰라도 시간이 갈수록 습관으로 굳어져 자신의 생산력을 영영 다 빼앗겨버릴 수도 있다. 모든 탐닉에는 대가가 따른다는 사실을 잊지 말아야 한다.

자신의 탐닉은 이자율이 얼마나 되는지 생각해보라. 다음에 또다시 유혹을 느낄 때는 잠시 동안의 쾌락을 위해 과연 나 자신을 빚더미에 앉히고 싶은지, 곰곰이 따져보라.

습관 점검하기

우리가 하는 행동의 대부분이 자동적으로 이루어지는 것이라면, 제일 먼저 우리가 집중해야 할 것은 자신을 발전시키는 데 도움이 되는 일과를 확립하는 것이다. 그리고 그에 앞서 자동적으로 이루어지는 우리의 행동들을 점검해보아야 한다.

아침에 잠자리에서 일어나는 것부터 시작해서 그날 하루 자신이 하게 될 모든 자동적인 행위들을 리스트로 작성해보라. 아침에 일어나면 바로 커피를 내리는가? 직장으로 출근할 때는 항상 다른 운전자에게 욕을 하는가? 직장에 도착하면 동료들과 다른 사람의 험담을 시작하는가? 쇼핑할 때는 필요하지 않은 물건임에도 50% 할인이라는 광고에 혹해서 나도 모르게 자동적으로 물건을 구매하고 마는가? 피곤한데 할 일이 하나 더 남아 있을 때 텔레비전을 보고 나서 일을 한다거나 혹은 아예 잊어버리고 마는가? 아니면 미루고 싶은 유혹을 뿌리치고 바로 그 일을 처리하는가?

이 간단한 과정을 통해 버려야 할 일상적 행위와 지켜야 할 일상적 행위를 식별할 수 있다. 자동적인 행동은 자신도 모르는 사이에 거의 무의식적으로 나오는 행위이기 때문에 이런 목록을 작성해보면 자기가 미처 깨닫지 못했던 부분을 발견할 수 있다.

이 외에도 어느 하루 동안 자신이 자동적으로 하는 바람직하지 못한 행동들을 관찰하는 시간을 가져보자. 이렇게 하면 나의 의지에 부정적인 영향을 미치는 소소한 일상적 습관들을 보다 쉽게 가려낼 수 있다.

주춧돌이 되는 습관

"대체적으로 운동을 하는 사람은 더 건강한 음식을 섭취하고, 직장에서도 더 생산적이다. 그들은 담배를 덜 피우고, 동료나 가족에 대한 인내심도 더 강하다. 그들은 신용카드를 덜 쓰고, 스트레스를 덜 받는다. 운동은 광범위하게 변화를 이끌어내는 주춧돌과 같은 습관이다."

찰스 두히그 Charles Duhigg, 뉴욕타임스 기자, 《습관의 힘》 저자

주춧돌이 되는 습관이란, 내가 집중해서 노력한 부분 외에서도 광범위하게 긍정적인 변화를 이끌어내는 하나의 중요한 습관을 말한다. 예를 들어 운동하는 습관은 다이어트, 생산성, 인내심, 그리고 전반적인 웰빙에 긍정적인 영향을 준다.

따라서 이것저것 여러 가지 훈련과 운동을 일일이 다 챙길 여유가 되지 않는다면 자기 인생에 주춧돌이 될 만한 한 가지 습관에 집중하는 것이 좋다. 주춧돌을 잘 선택하면 다른 분야에서도 힘 들이지 않고 동시에 긍정적인 효과를 얻어낼 수 있다.

주춧돌이 되는 습관으로 가장 바람직한 것은 운동이겠지만, 그 외에 아침마다 침대를 잘 정돈하는 것, 섭취하는 음식을 기록해두는 것, 저축, 명상 등도 추천할 만하다.

'지금 원하는 것'과 '가장 원하는 것'

"자신을 단련한다는 것은 '지금 원하는 것'과 '가장 원하는 것' 중 어느 것을 선택하느냐 하는 문제다."

화자 미상

다이어트를 하면서 '초콜릿 한 조각만 먹어야지' 하고 마음먹었다면, 그것은 잠깐 동안의 즐거움을 장기적인 목표보다 더 중요하게 여긴 탓이다. 물론 초콜릿을 단 한 조각 먹는다고 당장 체중이 더 늘어나는 것은 아니지만, 이런 조그만 행동이 쌓이다 보면 '가장 내가 원하는 것'보다 '지금 내가 원하는 것'을 우선시하는 내 태도를 여실히 드러내 보여주는 체형으로 바뀌고 만다.

장기적인 목표를 달성하려면 '지금 원하는 것'을 얻는 데서 만족을 얻으려 하기보다 '가장 원하는 것'을 얻어 만족하려는 마음이 더 간절해야 한다.

미덕의 가면을 쓴 악덕

"악덕치고 미덕과 비슷한 척하지 않는 악덕이 없고, 이 꾸며낸 유사성
을 악용해먹지 않는 악덕이 없다."

장 드 라브뤼예르 Jean de La Bruyère, 프랑스의 풍자작가

나쁜 습관은 즐거울 뿐만 아니라 흔히 좋은 습
관과 같은 가면을 쓰고 있기 때문에 떨쳐버리기가 어렵다. 그것을
물리쳐야 할 적이 아니라 가까이해야 할 친구로 생각하고 있다면,
평생 그 습관으로부터 벗어나기 힘들 것이다.

예를 들어 늦잠을 즐기는 비생산적인 사람들은 자신이 밤늦게
까지 잠을 자지 않기 때문에 남들보다 멋진 사회생활을 즐기고 있
다고 주장할 것이다. 하지만 이런 이들은 장기적 목표에 지장을
주지 않고 다른 방식으로도 할 수 있는 일에 너무 큰 대가를 치르
고 있다는 사실을 간과하고 있다.

당신의 습관 중에는 미덕의 가면을 쓴 악덕이 없는가? 깊이 간
직하고 있는 믿음들을 도마 위에 올려놓고 한번 해부해보라. 당신
이 미덕이라고 생각했던 것이 실질적으로 당신에게 도움이 되는

것이었는지, 한 손으로는 1달러를 내미는 친구의 모습을 하고 있지만 뒤로는 5달러를 훔쳐 가는 강도가 아니었는지, 곰곰이 생각해보라.

실수 외면하기

"우리는 사소한 것들을 너무나 아무렇지 않게 외면해버리는 경우가 많다. 하지만 뉴스를 틀어보면 사소한 자동차 결함으로 수많은 사상자가 발생하고 수백만 달러 규모의 자동차 리콜 명령을 받았다는 뉴스라든가, 파이프에서 조금씩 새어 나온 가스로 대형 폭발사고가 일어나 주변의 야생 동식물이 거의 다 죽게 되었다는 뉴스들이 넘쳐난다. 크든 작든 잘못된 것을 알아차리고 책임자를 미리 색출해내면 산업계는 수천억 달러의 돈을 절약하고, 수많은 사람의 목숨을 지킬 수 있다. 보웬 병장은 내게, 실수를 무시하고 지나치는 것은 보다 낮은 기준을 새로 세우는 것임을 깨우쳐주었다."

앤 던우디 Ann Dunwoody, 미국의 장군

누구나 실수를 저지르고 나면 모른 척하고 외면해버리고 싶은 유혹을 느낀다. 별것 아닌 조그만 실수일 경우에는 더더욱 쉽사리 외면해버린다.

실수를 모른 척하고 지나쳐버리면 조그만 오류를 묵인하는 전례가 쌓이고, 아울러 모든 일에 정성과 최선을 다하는 자세를 기

를 수 있는 기회도 스스로 차버리는 셈이 된다.

사람인 이상 누구든 실수를 하지 않을 수 없고, 자신이 언제나 완벽한 무결점의 상태라고 그 누구도 장담할 수 없다. 하지만 별것 아닌 듯한 작은 잘못이라도 자신의 통제력을 발휘해 바로잡는 습관을 들이도록 하자.

그 습관이란 컴퓨터 앞에 앉을 때마다 똑바른 자세를 잡으려는 노력일 수도 있고, 말을 좀 더 또렷하게 해서 상대에게 내 말이 잘 전달되도록 신경 쓰는 일일 수도 있다. 침대를 잘 정돈한다거나, 빵을 더 정확하게 자르는 것과 같은 사소한 노력도 포함된다.

딱 한 번만

"할 일을 제쳐두고 딴짓을 하는 것은 크게 잘못된 일처럼 보이지 않는다. 재미를 좀 찾는다고, 로맨스를 좀 찾는다고, 이 넓고 아름다운 세상을 좀 즐긴다고 크게 해될 일이 뭐가 있을까? 하지만 이런 일을 한 번 반복할 때마다, 140글자를 한 번 두드릴 때마다, 인생은 점점 더 피폐해져 간다."

스티븐 프레스필드 Steven Pressfield, 영화 〈300〉의 원작소설 《불의 문》을 쓴 작가

사람은 일만 하라고 태어나지 않았기 때문에 인생을 즐기며 사는 것도 중요하다. 특히 열심히 일을 한 뒤에는 더더욱 그러하다.

하지만 사람은 하찮은 오락에 빠져서 쾌락만을 추구하며 살도록 만들어지지도 않았다. 우리가 사소하게 즐기는 오락거리들은 인생을 좀 더 즐겁게 해주기는 하지만, 이 순진한 양의 모습 뒤에는 무서운 괴수가 숨어 있다. 바로 일탈은 아무런 해될 것이 없다는 믿음이다.

가끔 한 번씩 일탈을 하는 것은 크게 해가 되지 않지만, 주기적

으로 꾸준히 하다 보면 일탈은 더 이상 일탈이 아니라 습관이 되어버린다.

바로 이런 식으로 사람들은 몸에 좋지 않은 탄산음료를 계속 마시고, 지출을 줄이겠다고 마음먹고도 계속 돈을 쓰고, 중요한 시험에 대비해서 공부를 하는 대신 TV를 시청하게 된다.

'딱 한 번만'이라는 말은 쉽게 반복되고, 이 '딱 한 번만'이라는 예외는 곧 새로운 습관이 된다. "마지막으로 딱 한 번만" 하는 마음이 들 때마다 그에 굴복하면 인생이 조금씩 피폐해져 간다는 사실을 기억하라.

탐닉의 대가

유혹에 넘어가려 할 때, 혹은 유혹에 이미 넘어간 후 앞으로는 그러지 않겠다고 반성할 때, 그 탐닉의 대가로 지금 당장 혹은 장기적으로 지불해야 하는 것을 생각해보라.

유혹을 이기지 못해서 먹고 싶은 것을 먹고, 입고 싶은 것을 입고, 사고 싶은 자동차를 산다고 해보자. 지금 당장은 즐거울지 모르지만 그 과시욕과 식욕을 탐닉한 대가로 지금 당장 지불해야 하는 것은 돈, 늘어나는 체중, 줄어드는 생산력이며, 장기적으로 지불해야 하는 대가는 보다 알차고 보람 있는 삶에 대한 가능성을 조금씩 조금씩 포기하는 것이다.

그래도 그러한 것들이 탐닉할 가치가 있다고 생각하는가? 오늘 하루의 탐닉으로 몇 주 혹은 몇 달 동안의 삶을 그 대가로 지불해도 좋다고 생각하는가?

'적당히'와 '대충'

"적당히 하라는 것은 나쁜 조언일 때가 종종 있다."

파우스토 케르치나니 Fausto Cercignani, 이탈리아의 학자, 시인

'적당히', '절제', '분수껏'이라는 말은 대개 좋은 의미로 받아들여진다. 그러나 어떤 이들은 '적당히'란 말을 '대충'과 혼동하여 최선을 다하지 않는 변명으로 이용한다.

"어제보다 5분 더 일했으니까 오늘은 그만하지. 일도 적당히 해야 하니까."

"이 무게는 이제 쉽게 들 수 있어. 하지만 며칠 더 같은 무게를 들어야지. 운동도 절제할 줄 알아야 하니까."

'적당히'라는 말을 자신의 한계에 도전하지 않는 변명으로 삼고 있다면, 당신은 이 말을 '대충'과 혼동하고 있는 것이다.

이처럼 '대충 하는 것'을 '적당한 것'으로 오해하게 되는 원인은 자신의 기준을 너무 낮게 잡았기 때문이다. 적당한 선에서 안주하기보다 꾸준히 기대치와 기준을 높여 한계에 도전해보는 자세를 가져야만 자신이 꿈꾸는 보다 나은 삶을 기약할 수 있다.

일의 탄력을 유지하라

"이루고자 하는 일이 무엇이든, 절대 이틀 연달아 건너뛰는 일은 없도록 하라."

리오 바바우타 Leo Babauta, 유명 블로그 '젠 헤비츠(Zen Habits)'의 운영자

일에 탄력이 붙으면 거의 자동적으로 하던 일을 계속 추진하게 된다. 가끔 하루 정도 건너뛰는 것은 크게 위험하다고 볼 수 없지만, 이틀 이상 연속으로 건너뛰다 보면 목표 달성에 리스크가 크게 증가한다.

체중조절이든 일의 성과를 올리는 것이든 어려운 상황이 발생하면 하루 정도 건너뛰어도 좋다. 하지만 그다음 날에는 목표 달성을 위한 활동을 조금이라도 반드시 해주어야 한다.

그런 방식으로 탄력을 유지하면 언제라도 다시 평소의 추진력을 발휘할 수 있다.

본보기가 되는 사람

"이성보다는 본보기를 따르는 사람들이 더 많다."

크리스티안 네스텔 보비 Christian Nestell Bovee, 미국의 작가

심기일전해서 보다 인간답게 살아보겠다고 노력을 하다 보면 주변 사람들 가운데는 이런 소리를 하는 사람들이 꼭 있다. 왜 굳이 사서 고생을 하느냐, 갑자기 무슨 바람이 불어서 저러는지 알 수가 없다, 이런 식의 전혀 도움이 안 되는 말들이다.

그런 사람들을 데리고 이성적으로 따지고 설명을 해보려고 시간과 에너지를 낭비할 필요는 없다. 대신 자신의 목표에만 집중해서 다른 사람들에게 본보기가 되도록 노력하는 편이 더 낫다.

머지않아 결과가 눈에 보이면 사람들은 나를 본받으려 할 것이고, 그때가 되면 내 노력을 이해하게 될 것이다. 이도 저도 아니라면 최소한 입을 다물게 할 수는 있다.

아무리 시간과 공을 들여 사람들과 설전을 벌인다 해도 눈앞에 보이는 결과보다 더 설득력이 있을 수는 없다.

당장의 만족

"돈을 한 번 빌릴 때마다 나 자신의 미래가 조금씩 강탈당한다."

네이선 W. 모리스 Nathan W. Morris, 미국의 재테크 전문가, 강연가

과소비 심리와 물질주의가 만연해지며 소비를 위해 돈을 빌리는 풍조가 현대사회의 질병처럼 번지고 있다. 이자율보다 높은 투자이익을 내기 위해서가 아니라 단지 소비를 목적으로 하는 대출이라면, 지금 당장의 만족을 위해 미래를 저당 잡히는 일이나 다름없다.

갖고 싶은 물건을 구매하고 싶은 욕망으로 인해 신용카드를 긁거나 돈을 빌리려는 생각이 들 때마다 현재 자신이 짊어지고 있는 빚을 먼저 떠올려 보라. 빚을 내던 그때, 당신은 분명 그 빚을 피할 수도 있었을 것이다.

5년이 지난 후에 지금의 내 모습을 되돌아보면, 새 차 혹은 신형 TV 등 일시적인 만족을 얻으려고 하다가 돈 문제로 쩔쩔매는 처지가 된 것을 깨닫고, 바로 코앞밖에 보지 않았던 자신의 행동을 후회하게 될지 모른다.

"그렇게 좋은 조건인데 어떻게 이걸 마다할 수 있어? 거의 무이자나 다름없는걸?" 하는 생각 때문이었다고 변명하지 말라. 중요한 것은 대출 조건이 아니라 돈을 빌려 쓰는 습관이다.

미래보다 현재를 우선시하다 보면 재정 문제뿐만 아니라 삶의 다른 부분에서도 어려움을 겪게 된다.

꼭 필요하지 않은데도 기분에 이끌려 충동구매하는 일이 없도록 자신을 단련하라. 그것이 재정을 관리하고 지금보다 나은 미래를 가꾸어가는 데 무엇보다 중요한 일이다.

저축의 자기훈련

"월급봉투가 얇을 때 한 푼이라도 더 저축하도록 노력해야 한다. 돈을 더 벌기 시작하면 돈 모으기가 점점 더 어려워지기 때문이다."

잭 베니 Jack Benny, 미국의 희극인, 배우

퓨 자선기금이 발표한 2015년 연구보고서에 의하면, 설문지 응답자의 41%가 급한 일이 생겨 2천 달러를 써야 할 일이 생겼을 때 이를 처리할 수 있는 여윳돈이 없다고 응답했다. 같은 조사에서 대부분의 사람들은 한 달 치 월급을 대신할 수 있는 유동 저축금이 없는 것으로 나타났다.

이는 조사 응답자들이 빈곤층이었기 때문이 아니다. 대부분의 응답자는 새 집이나 자동차, TV, 신형 핸드폰 등을 구매하는 소비자들이었다.

이들 중 상당수가 충분한 여유자금을 저축해두지 못한 것은 수입이 적어서가 아니라 돈 관리를 위한 자기훈련이 덜 되어 있었기 때문이다.

돈 관리에 대한 훈련이 되어 있지 않으면 복권에 당첨되어 큰

돈이 생긴다 해도 지금 상황에서 크게 벗어나지 못한다. 복권 당첨자 중 상당수가 결국 파산하고 마는 것은 그 때문이다.

따라서 지금 당장의 재정 형편에 상관없이 조금이라도 저축하는 습관을 들이도록 하라. 얼마나 저축하는가가 중요한 것이 아니라 저축하는 습관을 들이는 것이 중요하다. 그리고 재정 형편이 지금보다 나아지더라도 꾸준히 저축하는 자기훈련이 되어 있어야 한다.

돈을 좀 더 벌면 그때부터 모으겠다는 잘못된 생각에서 벗어나야 한다. 형편이 어려울 때 조금이라도 저축하는 습관을 들이면 돈을 더 벌기 시작할 때는 저축하는 일이 훨씬 더 쉬워진다.

흔들림 없는 자세

"남다른 업적을 쌓은 사람들은 남다른 자제력을 지닌 이들이 아니라 남달리 침착하고, 초연하고, 인내심 많고, 겸손한 사람들이다."

라이언 홀리데이 Ryan Holiday, 미디어 전략가이자 베스트셀러 작가

자신을 보다 잘 단련시키기를 원하는 사람이라면 침착하고, 초연하고, 인내심 많고, 겸손한 사람이 되려는 노력을 기울여야 한다.

침착하다는 것은 나중에 후회하게 될 행동으로 이어질 가능성이 높은 모든 부정적인 감정들, 즉 불안, 초조, 분노로부터 해방된 상태를 말한다. 침착한 상태에서는 맑은 정신으로 보다 논리적인 사고가 가능하다.

초연함은 감정에 휘둘리지 않고 힘든 상황을 의연하게 버텨내는 자세다. 초연함을 기르는 가장 좋은 훈련은 의도적으로 자신을 불편한 상황에 노출시키는 것이다. 평소에 내가 안주하던 환경에서 벗어나는 횟수가 늘어나면 늘어날수록 불편하게 느껴지는 환경이 점점 줄어들게 된다.

인내심은 충동적인 결정으로 장기적인 목표 달성을 그르치는 것을 사전에 방지해줄 수 있는 능력이다. 인내심도 근육처럼 단련시킬 수 있다. 인내심을 기를 수 있는 한 가지 훈련 방법은 익숙해지는 데 많은 시간과 노력이 필요한 새로운 기술에 도전해보는 것이다. 진척이 늦을수록 보다 겸손해지고, 아무리 애를 써도 서둘러서는 안 되는 일이 있다는 것을 동시에 깨우칠 수 있다.

　　겸손하다는 것은 기본적으로 모든 사람을 자신과 평등하게 대하는 것이다. 자기가 남보다 잘났다거나 우월하다고 생각할 때 대부분의 사람들은 불손해진다. 이런 거만한 태도는 자신의 의지력이 시험대에 오르는 상황을 자초하게 되고, 성공할 가능성보다는 실패의 가능성이 더 높아지게 한다.

감정 다스리기

"빼어난 신체조건을 갖춘 사람은 추위와 더위를 남들보다 더 잘 견뎌 낸다. 빼어난 정신건강을 갖춘 사람은 분노, 비애, 기쁨 등의 감정을 다른 사람들보다 더 잘 다스릴 수 있다."

에픽테토스 Epictetus, 고대 그리스의 철학자

사람들은 대개 이런저런 유혹을 잘 이겨내기 위해 자기를 단련시켜야겠다는 생각을 하지만, 자기단련은 감정을 더욱 잘 다스리게 해주는 효과도 있다.

부정적이든 긍정적이든 우리가 경험하는 감정들이 우리 삶을 보다 흥미진진하게 만들어주는 것은 사실이다. 하지만 지나치게 감정에 휘둘리면 장기적으로는 인생에 큰 손실을 가져올 수 있다는 점도 잊지 말아야 한다.

예를 들어 참을성이 부족해서 뭐든 속전속결로 처리해야 직성이 풀리는 사람은 단 한 번 감정에 치우쳐서 내린 잘못된 결정으로 몇 달 혹은 몇 년간 진행해온 일을 순식간에 망쳐버릴 수도 있다.

기쁨이나 즐거움과 같은 긍정적인 감정도 부정적인 효과를 초래하는 경우가 있다. 예를 들어 자신이 성취한 것에 대한 기쁨이 지나쳐서 이후에는 모든 일에 안일한 자세로 임할 수 있고, 그럼으로써 자신을 성공으로 이끌어준 과거의 좋은 습관이 무너질 수도 있다.

　성공에 대한 행복감과 감사함을 마음껏 즐기면서도 아직 배울 것이 많음을 인식하고 또 다른 기회를 찾아 나서는 등으로 감정을 절제할 줄 알아야 한다. 그런 태도를 가질 수 있다면 어떠한 감정도 자신이 가는 길을 방해할 수 없을 것이다.

조건 없는 기쁨

"성공한 사람들은 늘 다른 사람을 도울 기회를 찾는다. 성공하지 못한 사람들은 늘 '나한테 어떤 이득이 돌아오나?'라고 묻는다."

브라이언 트레이시 Brian Tracy, 동기유발 전문 강연가, 베스트셀러 작가

다른 사람을 돕는 데는 두 가지 방식이 있다. 하나는 아무런 대가를 기대하지 않고 타인을 돕는 그 자체에서 보람을 느끼는 것이고, 다른 하나는 보상을 바라며 계획적으로 남을 돕는 것이다.

아무런 조건 없이 도움을 주는 것은 또 하나의 자기훈련이 된다. 어떤 어려운 결정을 내릴 때 거기서 미래의 보상을 바라지 않는 연습이 되기 때문이다. 도움 그 자체를 위해 도움을 베푸는 것은 직접적인 보상이 없더라도 긍정적인 행위를 하는 것 자체만으로 가치가 있음을 배우게 한다.

예를 들어 다이어트를 할 때 칼로리가 높은 디저트를 외면하고 먹지 않는다고 해서 누군가 나팔을 들고 나와 팡파르를 울려주거나 박수를 치며 축하해주지 않는다. 하지만 단지 자신을 위해 긍

정적인 무엇인가를 했다는 그 사실만으로도 거기서 기쁨을 느낄 수 있다.

아울러 타인을 도울 기회를 찾아 나서는 것은 성공적인 사람의 마인드를 기르는 데도 도움이 된다. 성공적인 사람은 끊임없이 세상에 기여할 방법을 찾는 사람들이기 때문이다.

직감

"직감을 따른다는 것은 이상하고 심지어 우습기까지 하다고 생각할지 모른다. 내가 코치하는 사람들 중 기술자나 회계사와 같이 하루 종일 논리와 사실만을 다루는 왼쪽 두뇌가 발달된 사람들은 직관이나 느낌 같은 것을 따르는 것이 익숙지 않다. 그들은 '내가 무슨 느낌을 받았지?'라고 묻는 것보다 '이 사실은 내게 뭘 말해주고 있지?'라고 묻는 게 더 편안하다."

니겔 컴버랜드 Nigel Cumberland. 영국의 리더십 코치

목표를 달성해가는 과정에서 논리와 사실을 따르는 것은 당연하지만, 때로는 이성적이고 합리적인 사고 절차를 통하기보다 겉으로 나타나지 않는 자신의 속마음, 즉 자신의 직감에 귀를 기울이는 것도 중요하다.

자신의 솔직한 속마음을 무시하지 말아야 한다. 자신을 단련시키고 뭐든 꾸준히 흔들리지 않고 목표를 향해 나아가는 것은 훌륭한 일이다. 그러나 마음속 깊은 곳에서 자신의 목표에 애착이 가지 않음을 느낄 때, 목표가 아무래도 자신에게 어울리지 않는다는

느낌이 들 때, 혹은 마음이 불편할 때는 논리보다 자신의 직감에 귀를 기울여도 좋다. 왜냐하면 마음속으로 거북스럽다는 느낌이 들면 애초에 자신이 내린 결정이 옳은 결정이 아니었을 가능성이 높기 때문이다.

모든 것에 따라다니는 세금

"우리가 하는 모든 일에는 세금이 붙는다. 여행에 붙는 세금은 여기저기서 기다려야 하는 시간이다. 아무리 좋은 관계라도 사람과 관계를 맺으면 때때로 벌어지는 의견충돌과 속상함이라는 세금을 내야 한다. 남들이 탐낼 만한 것을 많이 소유한 풍족한 삶에는 도둑이라는 세금이 붙는다. 성공에는 스트레스와 골칫거리라는 세금이 따라온다. 인생이 내라고 하는 세금은 다 내버리고, 자기 몫으로 챙길 수 있는 나머지를 마음껏 즐기도록 하라."

라이언 홀리데이 Ryan Holiday, 미디어 전략가이자 베스트셀러 작가

새로운 목표를 세우고 열심히 노력해서 성취했을 때 삶이 얼마나 달라져 있을지 상상해보는 것은 신나는 일이다. 하지만 사람 사는 일에는 뭐든 대가가 따른다는 것을 우리는 잊기 쉽다. 아무리 열심히 해도 현실은 여전히 장밋빛이 아니고 여기저기서 골치 아픈 문제만 자꾸 튀어나오면 그만 포기하고 싶은 마음이 들기도 한다.

살아가는 일에는 뭐든 마치 세금처럼 대가가 따른다. 그것은

누구도 피할 수 없는 일이다. 건강해지려고 노력하다 보면 사회생활에 약간의 제약이 따르고, 어느 분야에서 전문가가 되려면 그 과정에서 이런저런 비판과 쓴소리를 듣지 않을 수 없다.

하지만 무언가를 시작도 하기 전에 세금부터 먼저 떠올린다면 동기유발에 도움이 되지 않는다. 비록 긍정적인 변화라도 모든 변화에는 반갑지 않은 대가가 따르기 마련이니, 보다 알차고 즐거운 삶을 바란다면 기꺼이 대가를 치르겠다는 각오를 해야 한다.

어떤 삶을 택할까

"보다 높은 이상을 품고 풍요롭고 번창한 삶을 가꾸는 것이나, 불행과 빈곤을 받아들이고 사는 것이나, 거기에 드는 수고는 다 비슷하다."

나폴레온 힐 Napoleon Hill, 성공학의 대가, 베스트셀러 작가

결국 중요한 것은 어떤 삶을 선택할 것인가 하는 문제다. 풍요롭고 번창하는 삶을 살기로 선택하고 부지런히 노력을 아끼지 않으면 결국 그런 삶을 얻게 된다. 불행과 빈곤을 받아들이고 자신이 불행한 이유를 정당화하는 데만 급급하면 결국 구차한 삶에서 벗어나지 못한다.

궁색한 변명거리로 자신의 불행을 합리화하는 것이나, 뭔가를 이루어보겠다고 뜻을 품고 노력하는 것이나 거기에 드는 수고는 비슷하다는 점을 명심해야 한다.

이 두 삶 중에 한 가지를 선택할 수 있지만, 성공으로 가는 길은 오직 하나.

자신은 불행할 수밖에 없는 운명을 타고났으니 이를 팔자로 알고 받아들이자는 생각이 들 때마다 그 생각을 바꾸려는 노력을 해

야 한다. 자기가 처한 상황이 얼마나 만족스럽지 않은지 돌아보고 지금 그대로 살기보다는 성공적인 삶을 추구해야만 하는 이유를 떠올려 보도록 하라.

진부하게 들릴 수도 있지만, 태도와 기대치가 삶에 지대한 영향을 끼친다는 자기계발계의 금언은 절대적인 진리다.

꾸준함의 미덕

"나는 항상 내가 뭘 원하는지 알고 있다. 자신이 원하는 게 뭔지 알면 앞으로 나아갈 수 있다. 어떨 때는 빨리 가고 어떨 때는 거북이걸음으로 갈 때도 있다. 나아가는 속도가 빠르면 기분이 더 좋을 것 같은데, 잘 모르겠다. 앞으로 나아가고 있기만 하면 상관없기 때문에 그 차이점을 잊어버린 지 오래됐기 때문이다."

아인 랜드 Ayn Rand, 《아틀라스》를 쓴 작가

인간은 끊임없이 자신의 삶을 향상시키도록 프로그래밍되어 있기 때문에 한결같은 마음으로 꾸준히 노력하는 자세가 성공적인 삶의 열쇠다.

성공적인 삶을 향한 여정 그 자체만으로도 삶에 의미를 더해주며, 좀 더 빨리 성공에 도달하려고 과한 욕심을 내면 오히려 불필요한 조바심만 겪을 뿐이다.

어떤 목표는 달성하는 데 몇 년 혹은 몇 십 년이 걸리고, 무슨 짓을 하든 그보다 더 빨리 도달할 수 없다. 불평불만은 목표 달성에 전혀 도움이 안 되는 부정적인 일들만 불러올 뿐이다.

진척이 더딜 때는 목표를 향해 노력하는 것 자체에 의문이 들기도 하고, 포기하고 싶어지기도 한다. 하지만 그럴 때 어떤 대안이 있는가?

포기하면 당연히 뜻한 바를 이룰 수 없게 된다. 진척이 느리다고 불평하다가 포기해버리고, 마치 마술처럼 자신의 꿈이 현실이 되기만을 마냥 바라고만 있겠는가?

과정의 중요성

"성공이란 내가 가지고 있는 것으로 최선을 다하는 것이다. 성공은 노력하고 행동하는 것이지 승리하고 쟁취하는 것이 아니다. 성공이란 것은 개개인의 잣대여서, 자신이 가진 것 가운데 가장 높은 것에 이르는 것, 자신이 할 수 있는 모든 것을 다하는 것이 바로 성공이다. 최선을 다한다면 그것이 성공이다. 성공은 자신이 가진 능력을 최대한 사용하는 것이기 때문이다."

지그 지글러 Zig Ziglar, 세계적인 강연가, 《정상에서 만납시다》의 저자

자신의 결의를 꺾어버리는 가장 쉬운 방법은 결과만을 두고 성공을 따지는 것이다. 만약 실질적인 결과가 있어야만 제대로 노력한 것이라고 믿는다면, 오랜 노력 끝에 어떤 결과도 얻지 못했을 경우 계속해서 노력할 용기가 꺾여버린다.

자신이 가진 것으로 최선을 다하는 것이 성공이라는 믿음을 갖길 바란다. 그것이 올바른 자세다. 결과에 상관없이 스스로 할 수 있는 최선을 다했다면 자신의 가장 높은 기준에 합당한 삶을 사는 것이라 믿는 것이 중요하다. 그 결과는 오늘, 내일, 아니면 6개월

후나 심지어 10년 후에 나타날지도 모른다.

물론 목표는 그저 추구해가기만 하라고 있는 것은 아니다. 누구든 노력한 결과를 얻고 싶어 하는 것은 당연하다. 하지만 최종 결과에만 집착하고 현재의 과정을 소홀히 생각하면 꿈을 현실로 만드는 것이 어려워진다. 따지고 보면 목표를 향해 노력하는 과정 그 자체가 자신이 추구하는 목표에 걸맞은 사람으로 자신을 빚어 주고 있는 것이다.

성공적인 사업가는 성공적인 사업을 운영하고 있기 때문에 성공한 게 아니다. 수많은 역경과 어려움, 실패, 절망적인 상황을 다 극복했기 때문에 성공한 것이다. 만약 결과에만 치중했다면 성공적인 사업을 일으키지 못했을 것이다.

성공한 운동선수는 메달을 땄기 때문에 성공한 게 아니다. 경쟁 선수보다 더 열심히 훈련했고 고통 속에서도 계속 앞으로 전진했기 때문에 성공한 것이다. 오로지 메달에만 집착하고 한 경기 한 경기의 성적을 신경 쓰지 않았다면 그 선수는 성공할 수 없었을 것이다.

성공을 더 높은 정상을 향해 올라가는 여정이라 생각하고 끊임없이 더 나은 자신을 만드는 과정에 집중하라. 현재 갖고 있는 것들로 최선을 다하면 결국 언젠가는 반드시 결과가 나타난다.

작지만 긍정적인 변화에 집중하라

"파라다이스를 꿈꾸는 것이 문제가 되는 이유는 그것이 지금 이 순간에서 기쁨과 의미를 찾아내고자 하는 노력을 방해하기 때문이다."

고든 리빙스턴 Gordon Livingston, 정신과 의사이자 심리치료사

성공을 추구하다 보면 우리가 살고 있는 지금 이 순간을 망각하기 쉽다. 미래의 보상이 현재의 고난보다 달콤한 것은 분명한 사실이지만, 그렇다고 해서 미래의 비전이 현실에 대한 인식을 흐리게 해서는 안 된다.

미래의 결과를 낭만화하는 데는 위험이 따른다. 마음속의 아름다운 미래상을 현재의 모습과 비교하다 보면 지금의 나와 내가 바라는 나 사이의 대비가 주는 쓰라림 때문에 용기를 잃을 수도 있다.

노력하는 데 도움이 된다면 가끔은 환상에 젖어도 좋다. 하지만 미래는 앞에 놓여 있는 것이고, 그 미래가 현실이 되도록 하기 위해서 내가 집중해야 하는 순간은 바로 현재라는 사실을 망각해서는 안 된다. 미래의 보상에 너무 집착하다 보면 내가 살고 있는

현재의 기쁨과 의미를 잃어버릴 수 있다.

나도 모르게 미래에 대한 꿈에 젖어들 때면 초점을 재조정해서 현재에 맞추도록 하라. 노력한 덕택에 일어난 작지만 긍정적인 변화와 지금까지 이룬 진척을 생각하며 앞으로 나아갈 용기를 얻어라.

인생이 와인이라면

"인생이 권하는 것은 다 받아들이고 주는 잔은 다 받아 마셔라. 모든 와인을 다 맛보아야 한다. 어떤 와인은 홀짝이며 마셔야 할 테고, 어떤 와인은 병째로 마셔야 할 것이다."

파울로 코엘료 Paulo Coelho, 《연금술사》를 쓴 브라질의 작가

성공적인 삶을 영위하기 위해서는 자기훈련이 잘되어 있어야 하지만, 수도승에 버금가는 금욕과 절제를 실천해야 하는 것으로 그것을 받아들여서는 안 된다. 균형을 잃은 극단적인 자기훈련은 오래 지탱할 수 없기 때문이다.

그렇다면 균형 있는 자기훈련을 위해서는 어떤 태도를 가져야할까? 자기훈련이란 자신의 목표에 도달하는 데 도움을 주기 위한 것이지, 우리의 풍성한 삶을 막기 위한 것이 아님을 이해해야한다.

정해진 일과에서 잠시 벗어나 가까운 사람들과 어울려 즐거운시간을 갖거나, 가끔은 해변에 나가 햇살과 바다를 즐긴다고 해서자기훈련을 포기하는 것은 아니다.

다만 기억해야 할 것은 와인을 한 모금씩 즐겨야 할 때와 병째로 마음껏 마실 때를 구별할 수 있어야 한다는 것이다. 인생이 권하는 것은 언제든 환영하며 받아들이되, 알맞은 유리잔에 적절한 양을 따라서 마실 줄 알아야 한다.

행복해질 의무

"행복은 우리의 의무다. 왜냐하면 우리의 기분, 행복, 불행은 전염성이 있기 때문이다. 어쩔 수 없이 다른 사람에게 전해질 수밖에 없다. 내가 행복하면 다른 사람들, 특히 나와 가까운 사람들을 행복하게 한다. 심지어 전화나 온라인으로, 이메일로 소식을 주고받는 사람들까지 행복하게 만든다. 더구나 행복은 곱절로 불어나는 효과가 있다. 내가 행복하면 상대가 행복해지고, 그가 행복해지면 주변 사람들이 행복해지고, 그들이 행복해지면 내가 알지 못하는 그 주변 사람들의 주변 사람들까지 더 행복해진다. 그 효과는 측정이 불가하고 지대하다. 반대로 내가 불행할 때도 마찬가지 전염 현상이 벌어진다. 그러므로 우울하게 시간을 보내는 것은 반사회적인 행동이다. 지금 당장 멈춰라. 숨을 들이쉬어라. 기분을 바꾸고 행복해짐으로써 세상이 온통 풀 죽어 있는 대신 즐거운 콧노래를 부르게 하라."

리처드 코치 Richard Koch, 경영 컨설턴트, 《80/20 법칙》의 저자

저축이나 체력 단련, 외국어 공부, 집 장만하기 등등에도 자기훈련이 필요하지만 늘 즐거운 태도로 살기 위해서도 자신을 훈련시킬 필요가 있다.

부정적인 사람은 태만한 사람이라고 할 수 있다. 긍정적인 생각을 갖고 긍정적인 태도로 사는 것은 노력이 따르는 일이기 때문이다. 게으른 사람은 노력하는 것보다 더 쉬운 포기하는 쪽을 택하고, 따라서 더 나은 삶보다 구차하고 불편스러운 삶을 선택한다.

행복을 선택하든 불행을 선택하든 그것은 자기 마음이겠지만, 자신의 기분 상태, 행복, 그리고 불행은 주변의 사랑하는 친구와 가족들에게도 크고 작은 영향을 끼치게 된다는 점을 잊지 말아야 한다.

행복도 독감처럼 바이러스다. 사랑하는 이들을 위해서라도 행복한 생각을 하고 우울한 생각은 떨쳐버리도록 하라. 그것은 우리 자신의 힘으로 할 수 있는 일이다.

다른 사람에게 슬픔이나 우울함이 아닌 행복을 전염시키도록 하라. 이 행복 바이러스의 긍정적인 부작용은 주변 사람들을 행복하게 할수록 나 자신도 행복해지기가 더 쉬워진다는 것이다.

결실을 맺기까지

"사소한 노력들이 모여 맺을 결실은 미리 예측할 수 없다. 그것이 어떤 결과를 내는지는 나중에 뒤를 돌아보아야만 알 수 있는 것이다. 그렇기 때문에 작은 노력들이 미래에 반드시 결실을 맺을 거라는 믿음을 가져야만 한다. 직감이든, 운명이든, 인생이든, 카르마든, 그 무엇이든 믿음이 있어야 한다. 그래야 진정 하고 싶은 일을 하다가 때때로 험난한 길에 들어서더라도 자신감을 잃지 않을 수 있고, 그것이 결국 아주 중요한 역할을 하게 되기 때문이다."

스티브 잡스 Steve Jobs, 애플의 전 CEO

장기적인 목표를 달성하기 위해서는 그 목표를 향해 꾸준히 노력해야 한다. 물론 말하기는 쉬워도 실천하기는 어려운 진리다. 특히 마음먹은 바를 이루기 위해서 몇 달 동안이나 수많은 희생과 고생을 각오해야 한다면 더더욱 그러하다.

그러므로 노력한 대가는 반드시 돌아오리라는 믿음을 갖는 것이 장기적으로 자신을 단련하는 데 매우 중요하다. 의지력만으로도 중요한 무기가 될 수 있지만, 언젠가 노력한 보람이 나타날 거라는 자신감이 뒷받침되지 않으면 최종 목적지에 도달하기 전에 지쳐 쓰러질 위험을 피하기 어렵다.

목표를 향해 가는 길에 의심이 찾아들면 중요한 변화일수록 시간이 필요하다는 사실을 기억하라. 지금은 서로 아무런 연결성이 없는 것같이 보여도, 자신의 모든 노력이 언젠가 서로 연결되어 아름다운 결실을 맺게 된다는 믿음을 굳게 가지도록 하라.

지금 할 수 있는 일

"나는 내 문제를 올바른 관점에서 바라보려고 노력한다. 먼저 나 자신에게 이렇게 말한다. '지금 힘든 시기를 겪고 있지만 두 달쯤 지나면 이 시기는 기억도 나지 않을 텐데 걱정해서 무얼 하지? 지금부터 두 달 후 내가 가질 그 태도를 지금 가지는 게 어떨까?'"

윌리엄 L. 펠프스 William L. Phelps, 전 예일대 총장, 영문과 교수

지금 현재 고군분투 중이거나 어려운 문제로 힘든 시기를 보내고 있다면 한 발짝 떨어진 미래의 관점에서 지금의 문제를 바라보라. 현재 겪고 있는 어려운 상황이 며칠 혹은 몇 주 후에 끝날 일이라면, 그것이 과연 진정으로 큰 문제라고 할 수 있을까? 만약 문제가 해결되기까지 몇 달이 걸린다고 해도 지금 상황은 영구적인 것이 아니라 일시적인 문제에 불과하다.

따라서 지금 지나치게 힘들어하고 걱정하는 것은 비생산적인 태도다. 몇 주 혹은 몇 달이 지나면 기억조차 하지 못할 문제에 신경과 에너지를 쓰는 대신, 지금 내가 할 수 있는 일에 집중해서 최선을 다하라.

나의 모든 노력이

언젠가 서로 연결되어

아름다운 결실을

맺게 된다는 믿음으로.

익숙함을 지나 두려움을 넘어

초판 1쇄 인쇄 2018년 12월 19일
초판 1쇄 발행 2018년 12월 26일

지은이　　마틴 메도스
옮긴이　　키와 블란츠
펴낸이　　이희철
기획편집　　김정연
마케팅　　임종호
북디자인　　디자인홍시
펴낸곳　　책이있는풍경

등록　　제313-2004-00243호(2004년 10월 19일)
주소　　서울시 마포구 월드컵로31길 62(망원동, 1층)
전화　　02-394-7830(대)
팩스　　02-394-7832
이메일　　chekpoong@naver.com
홈페이지　　www.chaekpung.com

ISBN　　979-11-88041-17-6　　03190

이 도서의 국립중앙도서관 출판시도서목록(CIP)은 서지정보유통지원시스템 홈페이지
(http://seoji.nl.go.kr)와 국가자료공동목록시스템(http://www.nl.go.kr/kolisnet)에서
이용하실 수 있습니다. (CIP제어번호 : CIP2018037052)